2023年度版

全国のあいつぐ差別事件

JN063073

(一社)部落解放・人権研究所　編・発行

発刊にあたって

二〇二三年六月二八日に、部落の所在地情報の公開をめぐる「全国部落調査」復刻版出版事件の高裁判決が出されました。判決は、現在部落に住んでいなかったり、結婚等の理由で本籍を移動したりした方々も部落差別を受ける対象となりうるという見解を示し、二〇二一年九月二七日の地裁判決で認定された範囲を拡大して、人格権の侵害を認めました。「人は誰しも不当な差別を受けることなく人間としての尊厳を保ちつつ平穏な生活を送ることができる人格的利益を有する」として、「差別をされない権利」が憲法に基づく法的に保護された利益として認められたのです。

「何が差別にあたるのか」を明確に定義し、差別を目的とした部落や部落出身者などの情報の収集・公開・提供といった行為を禁止する法律がなければ、「差別をされない権利」は守られません。そうした観点から、二〇一六年一二月の施行から七年を迎えた、「部落差別の解消の推進に関する法律」（以下、部落差別解消推進法）の強化・改正が早急に求められます。

あわせて、国内で相次ぐ人権侵害に対して差別解消を有効に進めていくためにも、人権委員会の設置、包括的な差別禁止法の制定が不可欠です。部落解放・人権研究所では「差別禁止法研究会」

で調査研究を積み重ね、二〇二二年三月に「すべての人の無差別平等の実現に関する法律（案）」（包括的差別禁止法案）を発表しました。同法案では、差別を包括的に定義し、あらゆる差別を禁止しています。また、被害の救済または予防を図るための措置を講ずることができるよう、人権委員会の設置を規定しています。同年一二月には、国連人権高等弁務官事務所が「包括的反差別法制定のための実践ガイド」を公表し、その日本語版がＩＭＡＤＲ（反差別国際運動）によって作成され、二〇二三年一一月に公開されています。包括的差別禁止法の制定は、待ったなしの課題になっています。

こうした部落差別解消推進法の強化・改正、包括的差別禁止法の制定に向けては、立法事実としての「差別の現実」の集約と分析が欠かせません。本年度（二〇二三年度版）より、『全国のあいつぐ差別事件』は、（一社）部落解放・人権研究所が編集・発行することとなりました。部落差別をなくする取り組みを進めるにあたって、部落差別の具体的な事例である「差別事件」に学ぶことは極めて重要です。新しい試みとして、部落解放同盟各都府県連合会を対象にした「部落差別事件の集約・対応状況等に関するアンケート」を実施しました。本アンケートの実施方法や回答状況も含めて、「差別事件」をどのように集約・分析し、その結果を社会へいかに発信していくのかを検討したうえで、再来年度（二〇二五年度）までに『全国のあいつぐ差別事件』のあり方について一定の形を決めていきたいと考えております。

最後になりましたが、「差別事件」の調査研究にご協力いただきました、部落解放同盟中央本部、部落解放同盟各都府県連合会の皆様に心から感謝を申し上げます。本書が、部落差別のない、人権が尊重される社会づくりの一助になれば、さいわいです。

二〇二四年二月

一般社団法人　部落解放・人権研究所

目次

二〇二二年度に発覚した部落差別事件の概要と分析

谷川　雅彦

一　はじめに

『全国のあいつぐ差別事件』は、発覚した部落差別事件の概要や解決にむけた取り組みを集約し、その差別性・問題点を明らかにするとともに「同和対策事業特別措置法」の強化改正要求をはじめ部落問題の解決に資するための基礎資料として、一九八一年一二月に「同和対策事業特別措置法」強化改正要求国民運動中央実行委員会編として発行されました。その後、一九八五年から「部落解放基本法」制定要求国民運動中央実行委員会（「同和対策事業特別措置法」強化改正要求国民運動中央実行委員会が発展改組）編として発行され、二〇〇二年から部落解放・人権政策確立要求中央実行委員会（「部落解放基本法」制定要求国民運動中央実行委員会が発展改組）編として二〇二二年まで発行を続けてきました。

約半世紀にわたって発行を続けてきた『全国のあいつぐ差別事件』ですが、厳しい財政事情などからの理由で事務局である部落解放同盟中央本部がやむなく二〇二一年度版（二〇二二年発行）をもって発行を終了することを決定しました。

これまで『全国のあいつぐ差別事件』の編集に協力してきた（一社）部落解放・人権研究所（以下、研究所）では、部落差別の解消にあたってのあらゆる取り組みの出発点が、部落差別の現実の正確な実態把握にあること、とりわけ発覚し確認された部落差別事件の集約・分析は欠くことができない取り組みであることをふまえ、『全国のあいつぐ差別事件』の発行継続を検討してきました。そして（一財）原田伴彦記念基金※の支援（三年間の予定）をいただき二〇二二年度版（二〇二四年発行）以降も持続可能な形態を検討しながら部落差別事件の実態を集約分析し、社会に情報発信していくことになりました。

※「原田伴彦記念基金」 部落解放・人権研究所の前身である部落解放研究所の初代理事長の原田伴彦先生の遺志を受け継ぎ、部落解放と人権確立に貢献する秀れた研究、教育、調査、出版を奨励するために設立された基金。現在、一般財団法人化され、寺木伸明さんが代表理事を務める。

部落差別事件の集約は、これまでの部落解放同盟中央本部の「大会議案書」と「解放新聞」、都府県連の「大会議案書」と「解放新聞」で掲載（二〇二二年度）された部落差別事件をピックアップすることに加えて、今回はじめて部落解放同盟中央本部および都府県連合会のご協力をいただき「部落差別事件の集約・対応状況等に関するアンケート」を実施し、議案書や解放新聞に掲載されていない部落差別事件についても集約することを試みました。インターネット上の部落差別事件についてはこの原稿とは別に、研究所理事で（公財）反差別・人権研究所みえの事務局長である松村元樹さんに依頼し、被差別部落の所在地情報の投稿など、二〇二二年度に投稿された特徴的な部落差別事件を集約・分析いただきました。また、土地差別調査事件の反省から「差別をしない・させない・許さない為の共通認識づくり、人権尊重の社会づくりの実践」を担うことを目的に結成された「大阪不動産マーケティング協議会」会員を対象に実施したアンケートの結果についても、二〇〇七年に発覚した土地差別調査事件から一六年を経た今日の業界の状況の一端を考察するために、参考資料として取り上げることにしました。

二　解放新聞、大会議案書から見る特徴的な差別事件の概要

1　石川県金沢市の行政書士による戸籍不正取得事件

石川県金沢市の行政書士は職務上請求用紙を不正に悪用し、愛知県在住の女性の戸籍を不正取得していた。女性は戸籍が第三者に取得された場合に連絡が入る「登録型本人通知制度」に登録していたため事件が発覚した。女性の元夫の交際相手が元夫の調査を行政書士に依頼、行政書士が女性の戸籍謄本を不正取得していた。

埼玉県でも、さいたま市内の行政書士が職務上請求用紙を不正に使用している事件が発覚した。埼玉県行政書士会の調べによると、業務外の使用や不適切な記載使用など処分の対象になる使用が六件二三通あったことが明らかにされている。

二〇二一年には、栃木県の行政書士が全国四七都道府県で三五〇〇件余りの戸籍や住民票等を不正取得していた事件が発覚したばかりである。事件には五五の興信所・探偵社が関与していたことが明らかになっている。この行政書士はインターネットで全国の興信所・探偵社に「戸籍を取ってあげます」というメールを送信、六年間で約九〇〇〇万円を稼いでいた。

2　後を絶たない同和地区の問い合わせ

根強い部落や部落出身者への忌避・差別意識が存在するなかで、インターネット上に被差別部落の所在地情報が投稿され誰もが閲覧できる状況にあることなどを背景に同和地区の有無や場所などを問い合わせる行為があいついでいる。

奈良県では大阪に本社を持つ建設会社が田原本町に同和地区の有無などを問い合わせる事件が発生した。建設会社の社員が田原本町に電話をかけ、「顧客が田原本町に土地を買おうとしている」と会社名、なまえ、携帯電話番号を伝えた。社員は「●●地区および●●地区ならびにその周辺は同和地区ですか」と聞いた。こうした問い合わせは、京都府京田辺市役所、福岡県筑紫野市役所、鳥取県鳥取市役所支所、福岡県宮若市役所、糸島市役所などであいついでいる。内容は「家を購入したいので」「引っ越しをしたいので」という理由で同和地区の有無や場所を問い合わせている。福岡県福岡市役所、太宰府市への問い合わせは不動産会社や市民から「インターネットで検索すると同和地区であるとの情報をみかけました。ここは同和地区ですか」というもので、ネット上の情報の真偽を確かめようという問い合わせであった。

鳥取市役所支所への問い合わせは、「同和のことを言うのは今はいけないことだけど」と前置きしながら「子どもの結婚のことで聞きたい」「そこは同和地区か」というもの。担当者が答えられないと言うと「子どもの結婚のことだから、知っておかないといけない」「相手の親が殺人をしていたらどうするのだ。結婚してから、後でわかったらどうする」などと話して電話を切った。

３　政治家による部落差別発言事件

政治家の人権意識を疑う事件も後を絶たない。日本維新の会の石井章参議院議員は、千葉県柏市駅前の街頭演説で、橋下徹元日本維新の会代表について「橋下徹さんは、自分もそういう差別を受ける地区で生まれて、ろくすっぽ勉強できる環境じゃなかったけども・・・」と、橋下徹さんが被差別部落で生まれたにもかかわらず立派になったという発言を行った。日本維新の会の馬場代表は「謝罪と見解」を、石井議員は「差別発言の撤回とお詫び」を提出し、謝罪した。

大阪府八尾市議会において共産党議員が「もう差別はない。あるというならそれはどこか」と質問するが、八尾市が「公表できない」と答弁。議員は「自分も過去に●●に住んでいたが差別はない」と発言した。部落解放同盟西郡支部、安中支部は「発言は地区名をさらすとともに、町名全体が被差別部落ととられかねないなど問題がある」とし、市議会議長あてに①発言は是認されるのか。②発言が同和地区の特定につながる可能性がある場合、議事録の取り扱いを正当に行うよう求める。③部落差別を助長し、人権上譲ることのできない発言であることから議員に対して今後注意と配慮をおこなうよう勧告を求める要請書を提出した。議長は発言撤回を求めたが議員は拒否している。議会は録画配信の無音処理や議事録の伏字処理を実施している。

４　隣保館、県連事務所への連続差別脅迫投書事件

尾道市内の隣保館に「ブラクミンのバカタレドモ　ヨツ・ヒニン　人間ではないヨツ死ネ」「犬　ネコにもおとるヨツ　オレのクソでもくっていろ　少しは人間に近づくかもきたないクソよつ」「日本のハジだ　よつ　シネ」「いつでもコロシたる　来い」「ＴＥＬしてこい　よつ」と書いた投書が送られてきた。投書には実在する尾道市民の名前と住所が書かれていたが事実無根であった。隣保館が尾道市に連絡、尾道市が警察に被害届を提出した。同じ行為者によるものとみられる投書が、部落解放同盟岡山県連合会事務所にも送り付けられた。

５　解放新聞、大会議案書から見たインターネット上の部落差別

山口県で発覚した結婚差別事件は、インターネット上の部落の所在地情報の投稿が部落差別被害を引き起こす直接的な要因となっていることをあらためて証明した。婚約を破棄した女性の両親はネット上に投稿された部落の所在地情報を見て娘の婚約相手が部落出身者であると知った。

　こうしたネット上への部落の所在地情報の投稿は、山口県内に限らず、京都府内や高知県内など全国に広がっており、部落の所在地情報を投稿する行為も「鳥取ループ」だけではなく「昭和チャンネル」「おとのさん」「旨塩きゅうり」などの模倣犯が増加している傾向にある。部落の所在地情報を投稿するだけにとどまらず、福岡県内の部落の地名をあげて「●●は同和差別の酷い地域です。絶対に住まない方がいいですよ。同和じゃない一般の人が住むとひどいイジメを受けます」と書き込まれていることが確認されている。また、投稿された動画にはここが部落だということがわかるテロップやナレーションはないものの、コメント欄にここが部落であるということがわかるようなコメントを書き込んでいるケースもあり巧妙化している。全国部落調査復刻版出版差し止め裁判の被告である「鳥取ループ」は係争中にもかかわらず香川県内の部落を訪問し、撮影した動画をネット上に投稿している。

　ネット上での部落の所在地情報の投稿が削除されず放置されている中、人権教育・啓発推進埼玉県実行委員会（倉持秀裕会長）は、さいたま地方法務局に対して情報の早急な削除を要請した。新潟県でも上越市長、村上市長があいついで新潟地方法務局を訪れ、早急な削除を要請した。新潟県新発田市の二階堂市長は、新潟地方法務局長、新発田支局長に要請書を提出、若月市議会議長は地方自治法九九条にもとづく意見書を提出、情報の早急な削除を要請しました。香川県土庄町は二〇二二年二月、ツイッター・ジャパン社（現X・ジャパン社）に岡野町長名で早急な部落の所在地情報の削除を求める要請を行った。

　香川県丸亀市、坂出市、善通寺市でも市長名でツイッター・ジャパン社（現X・ジャパン社）、Ｇｏｏｇｌｅ合同会社に対して部落の所在地情報の投稿を削除するよう要請書を送付した。香川県の八市九町でつくる「人権・同和対策連絡協議会」（幹事、佐伯観音寺市長、前山綾川町長）もツイッター・ジャパン社（現X・ジャパン社）、Ｇｏｏｇｌｅ合同会社に対して削除要請書を送付した。

　こうした中、ＹｏｕＴｕｂｅに放置され続けていた動画「部落探訪」約二〇〇本が二〇二二年一一月三〇日に突然、削除された。削除理由についてYouTubeを管理するGoogle社はメディアの取材に「ヘイトスピーチポリシーに違反していたため」と回答している。削除の背景には全国の自治体等によるモニタリングの取り組みや自治体トップによる削除要請の取り組み、法務省の「依命通知」にもとづく削除要請など長年にわたる取り組みの蓄積があったことに加え、全国部落調査復刻版差し止め裁判を支援する目的で設立された「ABDRK（アブダーク）」の呼びかけによるネット上のオンライン署名（約三〇〇〇〇人弱の署名が集まった）も大きく影響したと考えられる。

三 「部落差別事件の集約・対応状況等に関するアンケート」から見る部落差別事件の概要

部落解放同盟中央本部及び都府県連合会の「大会議案書」や「解放新聞」に掲載されていない部落差別事件の発生状況（二〇二二年四月一日〜二〇二三年三月三一日に発覚し、確認・対応した事件）や取り組みについて把握するため、「部落差別事件アンケート調査（名称要確認）」を実施しました。

アンケートは部落解放同盟中央本部加盟の三九都府県連を対象に実施、東京、群馬、栃木、神奈川、長野、岐阜、福井、滋賀、京都、奈良、和歌山、大阪、兵庫、広島、鳥取、徳島、香川、高知、大分、佐賀、熊本、鹿児島の二二都府県連から回答がありました（二〇二三年一二月末時点）。

回答を得た都府県連が二〇二二年度に把握した部落差別事件の合計は、六四九件でした。内訳は、「差別発言」六九件、「差別落書き」五九件、「差別張り紙」五件、「差別電話」四八件、「差別投書」二七件、「差別メール」四一件、「差別問い合わせ」一三件、「インターネット上の差別書き込み」三七三件、「インターネット上の識別情報の摘示」一四件でした。

発覚した差別事件を通して明らかになった問題や課題（自由記述）については、第一にインターネット上の部落差別事件が増加（ネット上の差別事件が発覚した事件の五九・六％）しており、プロバイダが海外の事業者である場合や削除依頼しても削除されないといった問題、行為者が特定できない問題などで対応に苦慮している現状が明らかになりました。第二に部落差別解消推進法にもとづき差別解消に取り組むべき地方公共団体が部落差別事件の確認や対応に消極的であったり、県境をまたぐ差別事件（加害者が在住する県と被害者が在住する県が違う）の調整の難しさが課題としてあげられていました。第三にインターネット上に部落の所在地情報が投稿されていることとも関連して不動産業者による同和地区の有無についての問い合わせが頻発しており、国土交通省の取り組みや不動産業界における研修や自主規制などの取り組みが求められていることも明らかになりました。第四に学校など教育現場での部落差別事件も発生しており、教職員の資質など学校教育における部落問題学習を進めていくための課題検討が求められています。第五には市民啓発にあたって、人権・同和教育の学習経験が十分でないことに加えて社会人への人権教育の取り組みが弱く、家族や周辺から差別意識が植え付けられている現状があることも指摘されました。最後にこれまで述べてきた課題と関連して、実効性ある教育や啓発を実施し、差別被害を簡易かつ迅速に救済するためにも差別を禁止し、人権を救済する法制度の整備は焦眉の急を有する課題になっています。

部落差別事件の解決に取り組むにあたって困っていることと（複数回答）について、最も多かったのは「インターネット上の差別事件が増え対応に苦慮している」という回答（一二県連）でした。次いで多かったのが「法務局が把握した差別事件が都府県連に情報提供されない」（九県連）という問題でした。三番目に多かった回答が「法務局が差別事件の取り組みに消極的である」（七県連）でした。「人権侵犯調査処理規定」の二七条には「関係のある公私の団体との緊密な連携を図る」ことが定められており、差別被害の抑止や救済にあたっての当事者の参加や当事者団体との連携の重要性を法務省、法務局はどのように認識しているのかが問われていると言えます。上記以外にも「行為者不明の事件が増えて啓発以外の対応ができない」（六県連）、「差別事件の発覚が少ない」（五県連）、「市町村が把握した差別事件が都府県連に情報提供されない」（四県連）、「都府県が差別事件の取り組みに消極的である」（四県連）、「都府県が把握した差別事件が都府県連に情報提供されない」（三県連）、「事実確認会や差別事件糾弾会を経験した人材がいない」（三県連）、「地協や支部が把握した差別事件が都府県連に情報提供されない」（一県連）、「確信的に差別する人に対しての対応ができない」（「その他」の回答、一県連）ことが差別事件の解決に向けた妨げになっているとの回答がありました。

人権擁護推進審議会の答申（「人権救済制度のあり方について」「人権擁護委員制度の改革について」）でも指摘された人権救済制度の整備が放置されている中、情報化の進展をはじめ社会の変化にともなう部落差別の現実に法務局や地方公共団体の取り組みがますます遅れをとっており、部落解放同盟の組織内においても差別事件発生の報告がなされなかったり、事実の確認や差別の糾弾に取り組む人材が育っていないなどの深刻な課題が明らかになりました。

以下、アンケートを通して集約された個別の事例の中から特徴的な事件を紹介します。

1　同和地区の有無等の問い合わせ事件

奈良県大和高田市役所に「大和高田市で治安の良い地区を教えてほしい」「部落地区とかあるから」「部落に住みたくないし」と電話が入り、教えることはできないと答えやりとりをすると、電話が切られた。

奈良県御所市役所に「(市内に) 土地を購入予定であるが、一般の地区かどうか知りたい」と電話が入る。担当者が「一般地区といいますと、どのようなことでしょうか」と質問すると、「部落地区かどうか」と回答した。教えられないというと一方的に電話を切られた。

兵庫県内の部落解放同盟支部事務所に不動産会社の社員が「顧客がこの辺りの物件を見て「まだあるんですか」と聞かれて、こちらに来たら看板を見かけたので」と入ってきた。支部事務所のスタッフが「不動産業者として部落問題研修はしていないのか」と聞くと、「全然ないです。もうそんなこと言う人いませんよね。私も小学生の時に習いましたが、最近では聞きませんし」と答えた。やり取りの後「どこの不動産屋さんですか」と聞くと、「●●です」と答えた。

佐賀県人権・同和教育研究協議会事務局に、「そちらは部落ですか」「部落に関係ありますか」「同和に関係ありますか」と問い合わせる電話があった。事務局は「こちらは佐賀県人権・同和教育研究協議会です」と繰り返すと電話が切れた。

佐賀県鹿島市の人権・同和対策課へ「ホームページを見ていたら人権・同和対策課という課があったのでお尋ねがあって電話した」「そのような課があるということは、鹿島に同和地区があるということですか」という電話があった。担当者が「答えられません」と言うと、「自分のルーツが知りたいだけなのに教えてもらえないのか」といって電話を切った。同じ人物から再度電話があり「実家に確認したところ、鹿島市には同和地区はないとのことだった。ないならないとどうしてこたえられないのか。差別するつもりで聞いていいるのではない」と発言した。担当者が氏名を尋ねたが答えなかった。

2　公民館の人権啓発看板の撤去を求める電話

奈良県葛城市役所の人権政策課に「部落の担当課はそちらですか」と電話があった。用件は「●●は部落ではないですよね?」「なぜ●●の公民館の所に部落どうこうの旗があるのか」「何も知らない人が見たら、ここがそういう地域だと思われる。皆もはずしてほしいと言っている」等と話して電話を一方的に切った。

3　ヤフーニュースのコメント欄への差別書き込み

加重収賄容疑で市議が逮捕されたことを報じるヤフーニュースのコメント欄に、「わかってへん人おるけど　これは部落利権やで」「橋のない川で有名な特別地区」「部落問題が根強く残る地域　一般論なんか通用しない」といった書き込みが投稿された。

4　ＮＨＫ党候補者による差別街宣

ＮＨＫ党から二〇二二年の参議院選挙（全国比例区）に立候補した西村斉候補者（在日特権を許さない市民の会支部長を務めた）が、京都部落解放センター前で「差別がなかったら生きていけないのが解放同盟だ。解放同盟は「差別かどうかは自分たちが決める」と言っている。京都市役所の人間と解放同盟は一緒になって悪いことばかりしている」などと街頭宣伝で発言した。水平社博物館前で差別街宣をおこなった川東大了も「解放同盟は強い人間から逃げ、弱い人間には糾弾する。まるで朝鮮人みたいだ」などと発言した。結果は落選したが、全国で六五六五票を獲得した。街頭演説の動画がＹｏｕＴｕｂｅ等に投稿されている。

5　部落解放同盟京都府連合会への差別・脅迫メール事件

部落解放同盟京都府連合会へ、「穢多は全員が地獄へ逝け」「穢多・非人族は韓国・朝鮮人の末裔」などと書き込まれたメールがあいついで送られてきた。差別メールはさらにエスカレートし、「連合会員全員機関銃で皆殺しにして殺るからな。待って居ろよ」（ママ）などと書き込まれたメールがあいついで送られてきた。京都府連は脅迫罪で被害届を提出するが、関係機関と相談し、量刑の重い威力業務妨害罪で再度、被害届を提出した。二〇二二年九月二九日に犯人が逮捕された。京都府連は「犯人逮捕にあたっての声明」を出した。

6　部落解放同盟兵庫県連合会への差別メール事件

部落解放同盟兵庫県連合会に、「部落解放同盟は構成員の犯罪ばかり」「国民が汗水流して働いた血税の補助金を使っている」「丁寧語も離せない構成員は中卒なのか」などと書いたメールが送りつけられた。二〇二三年二月にも再び「穢多は全員が地獄へ逝け。穢多は気持ちが悪いので死んでくださいね」と書いたメールが送りつけられた。関係機関に相談するが発信者を特定できていない。

7　被差別部落への爆破予告事件

二〇二三年一月二〇日、兵庫県内の複数の行政機関に被差別部落を爆破するとのメールが送信された。一通目のメールは「1月20日金曜日、午前11時31分にお役所と保育施設と小学校、中学校、高校、部落地域に仕掛けた爆弾とガソリンを大爆発させる」というもの。二通目に送られたメールは「1月20日金曜日、午前11時31分に三木市と高砂市のお役所と保育施設と小学校、中学校、高校、部落地域に仕掛けた爆弾とガソリンを大爆発だ」「逃げ遅れた部落のレイプする価値がないオスガキは自分で作った銃で殺してやる。26日から開始する、三木市と高砂市内で小中学生と高校生のメスガキを誘拐して犯してわからせる。コミケで売っているロリコン用のエロ漫画みたいに中出ししたら妊娠するまで監禁な。オスガキは邪魔だからナイフか銃で原型を留めない状態にして殺す」「山上の安倍晋三殺害と同時刻にやってやる。仕留め残ったら後で密造銃で息の根を止めてやる。俺をツイッターで裏切った復讐は必ずしてやるよ」と書かれていた。

8　部落解放・人権研究所への差別電話事件

部落解放・人権研究所に「阿南市民（徳島県）だが、今度の同和問題講演会の謝礼はいくらもらうのか」という問い合わせ電話があった。電話に出た職員が「お答えできない」と答えると、「答えられないのは悪いことをしているからだ」「同和は外国人」「外国人のくせして日本人のふりをしている」「堂々と外国人と言え」「外国人は出ていけ」などと怒鳴り続け一方的に電話を切った。携帯電話の着信履歴が確認できたため研究所内で事実関係の確認の上で差別事件発生の報告書を作成し、阿南市、部落解放同盟徳島県連に事件を報告した。阿南市が行為者を特定、行為者はこれまでも問題発言や誹謗中傷を繰り返している人物であることが判明、阿南市が啓発を進めている。

9　介護サービス事業所責任者による差別発言

徳島市内にある介護サービス事業所の介護サービスをめぐる苦情相談の過程で、事業所責任者からいきなり「部落の人は貧乏やから中学校しか行けないのですね。●●さんも中卒ですか」と見下すように言われた。

10　ネット上での識別情報の摘示

ＹｏｕＴｕｂｅに兵庫県内の被差別部落28地区の動画が投稿された。部落解放同盟兵庫県連合会が削除要請を行うが削除されなかった。同様の人物が京都府内の一一市町の被差別部落を撮影した動画二四本をＹｏｕＴｕｂｅに投稿した。ＹｏｕＴｕｂｅでは別の人物（アカウント）が京都府内四市町の被差別部落を撮影した二〇本の動画を掲載した。これらの動画には「部落」「同和」といったナレーションやテロップがないものもあるが、視聴者がコメント欄にここが部落だとわかるような書き込みをしている動画もある。

Ｔｗｉｔｔｅｒ（現Ｘ）に兵庫県内の被差別部落五地区の動画が投稿された。Ｔｗｉｔｔｅｒには別の人物（アカウント）が京都府内の一九市町の被差別部落を摘示する書き込み二四件を写真付きで投稿した。高知県内一二市町の被差別部落の画像もＴｗｉｔｔｅｒ等のＳＮＳに投稿されていることが確認されている。

11　差別落書き事件

徳島市内の駅前商店街ビルの防火扉に緑色マジックで「エッタ街　家賃が高く　入居人　無し」と書かれていた。差別落書きは二〇〇七年頃にはすでに書かれており、英会話学校の職員が定期的にポスターを貼って遮蔽していた。ポスターがはがれ落書きを見た高校生が書いた人権作文で事件が発覚した。

12　大阪府内モニタリング団体調査結果の概要

大阪府が、大阪府内の四三市町村を対象にモニタリングの実施状況を二〇二二年一二月に調査したところ、一六が実施しており、九が実施を予定していると回答があった。モニタリングの対象は、「同和問題（所在地情報の摘示）A」が一五、「同和問題（侮辱的表現など摘示以外）B」が一二などであった。モニタリングを実施しているサイトでは「爆サイ」一三、「5ちゃんねる」一三、「Yahoo! 知恵袋」一〇、「YouTube」九、「Twitter（現X）」四、「Facebook」四、「Instagram」一などであった。実施形態は「直営」一三、「委託」三で委託先はすべて市（町）の人権協会である。

二〇一九年度に発見した「人権侵害情報」（上記A、B）は、「同和問題A」が五ページ、「同和問題B」はなし、二〇二〇年度に発見した「人権侵害情報」（上記A、B）は、「同和問題A」が三三七ページ、「同和問題B」が七二ページ、二〇二一年度に発見した「人権侵害情報」（上記A、B）は、「同和問題A」が三七〇ページ、「同和問題B」が一二ページで、法務局及びプロバイダ等に削除要請した件数（二〇一九年度、二〇二〇年度、二〇二一年度の合計）は、法務局への削除要請件数が、「同和問題A」が九四ページ、「同和問題B」が二ページ、プロバイダ等への削除要請件数が「同和問題A」が六三一ページ、「同和問題B」が七七ページ。結果、削除され閲覧できなくなったページは、法務局への削除要請件数が、「同和問題A」が一六ページ、「同和問題B」が〇ページ、プロバイダ等への削除要請件数が「同和問題A」が三八〇ページ、「同和問題B」が七〇ページだった。

四　不動産マーケティング協議会会員アンケートの結果

不動産会社、広告代理店、調査業者がマンション建設にあたって実施した土地調査の中で、同和地区の有無や所在地など差別につながる恐れのある情報を収集し報告していた土地差別調査事件の反省をきっかけに大阪不動産マーケティング協議会が設立されたのは、二〇一一年でした。土地差別調査事件から一七年、大阪不動産マーケティング協議会設立から一三年を迎えた昨年、不動産業界における土地差別調査の現状や課題、会員企業担当者の研修や意識、土地差別調査の根絶へ向けた課題などを明らかにすることを目的に、大阪不動産マーケティング協議会会員（不動産会社二三社、広告会社一九社、調査会社七社の計四九社）を対象に「部落問題に関するアンケート」を実施（二〇二三年一〇月一九日～一一月一七日）しました。アンケートは大阪不動産マーケティング協議会事務局から会員に配布・回収いただきました。

アンケートの有効回答は九五人（一社複数の担当者が回答）でした。「業種」は「不動産関連」が六七・四％、「広告関連」が二三・九％、「調査関連」が八・七％でした。「年齢層」は、「二〇代」が八・六％、「三〇代」が一二・九％、「四〇代」が二四・七％、「五〇代」が三九・八％、「六〇代」が一四・〇％で、土地差別調査事件発覚時には未成年であった層が五人に一人と業界の世代交代が進んでいることがわかりました。

「現在の業種経験年数」については、「五年以下」一九・四％、「六～一〇年」八・六％、「一一～一五年」七・五％、「一六～二〇年」一四・〇％、「二一～二五年」二一・五％、「二六～三〇年」一一・八％、「三一年以上」一七・二％で、ここでも土地差別調査事件以降に現在の仕事に就いたと思われる回答者が三分の一近くいると推測されます。

「顧客の中に住宅やマンションの購入・賃貸にあたって、条件が希望に合っていても同和地区や同和地区を含む校区を避けるという実態が今もあると思うか」という質問に、「根強くある」一一・一％、「ある」二〇・〇％、「少ないと思う」七一・六％で、「まったくないと思う」は六・三％で、九割を超える回答者が土地差別意識が存在していると回答しました。

「根強くある」「ある」と回答した人に、その理由を尋ねると「明確ではなくとも伝えてくるので」「販売員へ質問があったと聞いたことがある」「同エリアを気にするお客様の声を耳にする」「（利便性、ハザードマップ）などの合理的理由以外での、価格差や売れゆきの差がやはりみられる」「残念ながら未だに社会の潜在意識として残っていると感じる」「若い世代ではなく親世代には、根強く残っており、資金援助も多いのでマンション購入に親世代の影響力が強いと思うから」「過去の営業の経験と、最近のネットの書き込み等の内容から」「感覚的にではあるが、いまだに話題で聞く事がある」「時々そのような意見を耳にします」「地区内の不動産会社で知人と商談した際、「地区外から入ってくるのは珍しい」と言われたことがある」「親族の話」など具体的な事例が述べられています。「この五年間に同和地区の所在地情報に関する質問や問い合わせを受けた経験」が「ある」と回答した会員は、二・一％（二人）で、その相手は「顧客」「同業者」でした。

学校での部落問題の学習経験（複数回答）について、三人に二人は「小学校で受けた」（六六・三％）と回答、「中学校で受けた」（二八・四％）、「高校で受けた」（一一・六％）、「大学で受けた」（三・二％）と学年があがるにつれて学習経験が低くなっています。

一方で「はっきり覚えていない」が二〇・〇％、「学校で受けた経験はない」が一〇・五％で約三割に回答者が学習経験がなかったり記憶に残っていないと回答しました。

不動産マーケティング協議会の取り組みもあって現在の職場で働くようになって職場で部落問題研修を受けたことが「ある」は八三・〇％と高い一方で、「受けたことがない」という人が一一・七％、「覚えていない」という人も五・三％ありました。「受けたことがある」人の研修受講回数は、「一～五回」が四四・六％と約半数で、「六～一〇回」二一・六％、「一一～一五回」一〇・八％、「一六～二〇回」四・一％、「二〇回以上」一八・九％でした。大阪不動産マーケティング協議会結成から一三年、担当者の学習が積み上げられてきていることがわかります。担当者の学びが企業の経営者層やすべての社員へどのように普遍化されているのかが問われています。

業種別の部落問題研修の受講経験を見ると、「広告関連」で「受けたことはない」（二七・三％）、「はっきりと覚えていない」（一三・六％）が高くなっています。また、業種別に受講回数を見ると、「不動産関連」で「一六～二〇回」「二〇回以上」が、「調査関連」で「六～一〇回」「一一～一五回」が、「広告関連」で「一～五回」が多くなっていました。

経験年数別に部落問題研修の受講経験を見ると、「一六～二〇年」で「受けたことがない」（二三・一％）が高くなっています。

インターネット上の同和地区の所在地情報の閲覧経験について、八七・〇％が「閲覧したことはない」と回答しました。「よくある」は一・一％、「何度かある」八・七％、「一度だけ」三・三％で閲覧経験のある人は一三・一％となっています。

インターネット上で誰でも簡単に同和地区の所在地情報

を調べることができるようになって不動産関係業務に変化があったかについて、二・二%が「顧客や取引先から同和地区についての問い合わせが減った」と回答しましたが、九七・八%は「特に変化は感じなかった」と回答しました。

土地差別調査事件をきっかけに改正された「大阪府部落差別調査等規制等条例」の評価について五・四%が「十分な抑止効果がある」、約七割（六八・五%）が「一定の抑止効果がある」と回答したものの、六・五%が「ほとんど効果がない」、そして約二割（一九・六%）が「条例の内容を知らないのでわからない」と回答しました。

業種別に部落差別調査等規制等条例の評価について見ると、「広告関連」で「条例の内容を知らないのでわからない」（三六・四%）が高くなっています。

土地差別調査の解消に重要だと思う取り組みについて、最も多かったのは「学校における部落問題学習をもっと充実すること」（五三・三%）でした。続いて「不動産業界団体（広告業界、調査業界含む）による自主規制や人権研修をもっと充実すること」（四七・八%）で、「土地差別行為など部落差別を禁止する法律を制定すること」三〇・四%、「国土交通省や法務省など政府による啓発等の取り組みをもっと充実すること」二八・三%、「地方公共団体における啓発等の取り組みをもっと充実すること」一七・四%、「宅地建物取引業法を改正して土地差別行為を規制すること」一三・〇%、「大阪府部落差別調査等規制等条例を実態に対応できるよう改正すること」七・六%となっています。

自由記述欄には「国も地方公共団体も厳しい規制を作ると共に、一人ひとりが差別をしない、してはいけない意識を持たなくてはならない」「歴史の上で何故部落が出来たのかを正しく理解する機会を増やし、差別している方の考えが誤っていることを広く周知させる」等の意見がありました。

五　発覚した事件の特徴と分析

1　インターネット上の部落差別事件の増加

発覚した部落差別事件の特徴の第一は、インターネット上の部落差別事件が増加しているということです。とりわけ「鳥取ループ」の模倣犯が次々にあらわれ全国各地の被差別部落の写真や動画などをＹｏｕＴｕｂｅやＸ（旧Ｔｗｉｔｔｅｒ）などＳＮＳで次々と投稿し続けているということです。被差別部落の写真や動画をアナウンスやテロップなどの解説を付けずにただ投稿するだけで視聴者がコメント欄に写真や映像が被差別部落であるということがわかる書き込みなどをさせるように仕向けるなど、その方法もどんどん巧妙になっています。

研究所が確認（二〇一九年一二月）しているだけで二〇〇を超える団体がインターネット上の部落差別等の投稿をモニタリングし、自治体の首長自らが削除要請等の取り組みを実施していますが削除されない状況が続いています。インターネット事業者の削除責任、そしてインターネット上の差別投稿の法規制やプラットフォーム事業者の削除責任、そしてインターネットに投稿された情報の削除を請求する権利を保障する法制度の整備等が遅れていることによって司法が人格権の侵害だと判断せざるを得ない状況を放置することになっています。

2　同和地区の有無等の問い合わせの増加

法務省が実施した「部落差別の実態に係る調査」（二〇二〇年六月）の結果、「交際相手や結婚相手が部落出身者かどうか」が「気になる」と答えた人が六人に一人（一五・八％）にのぼることがわかりました。「わからない」も二五・四％あり、「気にならない」は半数に届いていません。また「インターネットで部落の所在地情報を閲覧したきっかけ」を尋ねると、「引っ越し先の地域」（九・七％）「交際相手や結婚相手の出身地」（六・六％）「近所の人の出身地」（五・一％）「求人に対する応募者の出身地」（二・六％）を「調べてみようと思った」からと答えています。

こうした現実が存在する中、SNSなどネット上に被差別部落の所在地情報が公開されてしまったことによって、市役所などに同和地区の所在地の有無や場所などの問い合わせが頻発しています。行為者が特定できない場合も多いのですが、問い合わせにはいくつかのパターンがあります。一つは不動産業者による問い合わせです。土地や家を買いたいが物件が部落やその周辺にあるなら避けたいという顧客の希望に業者が対応するために問い合わせるというものです。二つ目は、自分自身や家族が土地や家を買いたいが部落やその周辺は避けたいので教えてほしいというものです。三つ目は、自分自身や家族の交際相手や結婚相手が部落出身者かどうかを調べたいのでどこが同和地区か教えてほしいというものです。四つ目には、自分自身が被差別部落出身者かどうか、自分のルーツが同和地区にあるのかどうかを調べたい(本当の理由かどうか確認できていないが)というものです。

宅建業法による大臣免許、知事免許を所管する国土交通大臣や都道府県知事の役割、宅建業業界における一層の取り組みの強化が重要になっていることに加え、実効性のある土地差別調査や差別身元調査を規制する条例の制定など、こうした調査が許されないという認識を啓発していく必要があります。発覚した事件の自治体の対応を見ると、「答えられない」「教えることができない」という対応が中心になっており、「相談」や「啓発」につなげていくという視点も今後重要になってくると思われます。親からも教えられなかったり、学校や職場なのでも学習機会がなかったりする中で、ネット上の情報によって自分自身の出自に疑問を持った場合や交際や結婚にあたって相手が部落出身かどうかが気になったり反対されたりしている場合等に、相談に乗れる窓口や相談員の育成も重要な課題になっています。

3 悪質化、エスカレートする部落差別事件

「ヘイトスピーチ」から「ヘイトクライム」へエスカレートするように、部落に対する差別や偏見はネット上で拡散・増幅・エスカレートし、現実空間にそのはけ口を見つけ出そうとする段階に入っています。

兵庫で発覚した「部落地域に仕掛けた爆弾とガソリンを大爆発させる」「山上の安倍晋三殺害と同時刻にやってやる。仕留め残ったら後で密造銃で息の根を止めてやる」といった被差別部落に対する爆破予告メール、部落解放同盟京都府連合会に送られてきた「連合会員全員機関銃で皆殺しにして殺るからな。待って居ろよ」という殺害予告メールなどは差別意識にもとづく憎悪犯罪にエスカレートする直前にあることを示唆しています。

行政や警察がこうした事態への強い危機意識を持って、単なる発言、落書き、メールと部落差別事件を軽視せず、「部落差別解消推進法」をふまえ、事件に対する自治体や警察の記者会見や声明など部落差別に対する毅然とした対応を講じる必要があります。「鳥取ループ」に代表されるようにここ数年、自分たちの差別行為が正しい行為だと主張する確信犯による差別行為が増えています。こうした確信犯に対して、いかなる差別行為も許されないということを発信していくことが重要です。

しかし、都府県連アンケートで部落差別事件の解決に取り組むにあたって困ったことで、人権擁護の最前線の機関である法務局や部落差別解消推進法にもとづき差別解消に取り組む法的責務を有している自治体が部落差別事件を軽視していると言わざるを得ない実態が一部にあることが指摘されています。

4 プラットフォーム事業者の対応

政府はこの間、インターネット上の誹謗中傷等への対応について、プロバイダ責任制限法を改正（二〇二二年一〇月施行）し、発信者情報開示請求に係る裁判手続きの迅速化等に取り組むとともに、刑法を改正（二〇二二年七月施行）し、侮辱罪の法定刑の引き上げにも取り組んできました。二〇二三年一一月、総務省の「プラットフォームサービスに関する研究会」（法務省もオブザーバー参加）の「誹謗中傷等の違法・有害情報への対策に関するワーキンググループ」が「とりまとめ案」を公表しました。

「とりまとめ案」は「プラットフォーム事業者の利用規約に基づく自主的な削除が迅速かつ適切に行われるようにすることが必要」であるし、プラットフォーム事業者に「誹謗中傷等の権利侵害情報」の削除について「削除等の基準について、海外事業者、国内事業者を問わず、投稿の削除等に関する判断基準や手続きに関する「削除指針」を策定し、公表させる」とともに「一週間程度」で「削除した事実又はしなかった事実及びその理由の通知を求める」としています。

しかし、Ｔｗｉｔｔｅｒ社（現Ｘ社）からは法的な根拠もない要請に、なぜ応じなければならないのかといった発言が出るなど事業者の自主規制の限界を暴露されています。事業者の自主規制に委ねると削除する事業者と削除されない事業者が出てくることは容易に想像がつきます。結果、自主規制の緩い事業者に誹謗中傷等の権利侵害情報が集中することになるのではないでしょうか。

5 政治家、候補者の人権意識の欠如

日本維新の会の石井議員の発言、八尾市の共産党議員の発言、参議院選挙候補者の発言など政治家や候補者による差別事件があいついでいます。

一九九四年一二月の国連総会において、一九九五年から二〇〇四年までの一〇年間を「人権教育のための国連一〇

年」とすることが決議されたことを受け、政府は閣議決定により、内閣に人権教育のための国連一〇年推進本部を設置、「人権教育のための国連一〇年」に関する国内行動計画を公表しました。「人権教育」とは行動計画において「知識と技術の伝達及び態度の形成を通じ、人権という普遍的文化を構築するために行う研修、普及及び広報努力」と「人権教育のための国連一〇年行動計画」において定義されています。

「国内行動計画」において「人権教育の推進に当たっては、人権にかかわりの深い特定の職業に従事する者に対して、人権教育に関する取組を強化する必要がある」とし、「検察職員」「矯正施設・更生保護関係職員等」「入国管理関係職員」「教員・社会教育関係職員」「医療関係者」「福祉関係職員」「海上保安官」「労働行政関係職員」「消防職員」「警察職員」「自衛官」「公務員」「マスメディア関係者」の一三の特定の職業に従事する者に対する研修等における人権教育の充実に努めることを求めるとともに、「議会関係者や裁判官等についても、立法府及び司法府において同様の取組があれば、行政府としての役割を踏まえつつも、情報の提供や講師の紹介等可能な限りの協力に努める」とし立法府の取り組みについても言及しています。

しかし、国会議員はじめ政治家の人権意識を絶えずアップデートする取り組みは十分であるとは言えません。それどころか部落問題のみならず、政治家による差別発言は後を絶たないどころか確信犯化しているといっても過言ではありません。その最たるものが杉田水脈衆議院議員の差別発言です。二〇一八年、月刊誌に「LGBTのカップルのために税金を使うことに賛同を得られるものでしょうか。彼ら彼女らは子どもをつくらない、つまり『生産性』がないのです」と寄稿したり、二〇一六年に開催された国連女性差別撤廃委員会に出席した朝鮮人やアイヌの女性に対してSNSに「チマチョゴリやアイヌの民族衣装のコスプレおばさんまで登場」「同じ空気を吸っているだけでも気分が悪くなる」と投稿し、札幌法務局、大阪法務局から「人権侵犯」行為であると判断され啓発を受けているにもかかわらず、「人権の定義に法的根拠はない」「強制力のない任意の措置」と行為を正当化する始末です。

政治家や立候補者の政治活動や選挙活動における差別発言や差別扇動を明確に規制するルールづくりと政治家も含

めた特定職業従事者への人権教育の研修機会の充実強化を検討する必要があります。

6　土地差別の防止・救済へむけた国土交通省、不動産業界の取り組み強化

国土交通省は「宅地建物取引業法の運用・解釈の考え方」の中で、「宅地建物取引業者の責務に関する意識の向上について」と題して「宅地建物取引業務に係る人権問題の最近の状況を見ると、一部において同和地区に関する問い合わせ、差別意識を助長するような広告、賃貸住宅の媒介業務に係る不当な入居差別等の事象が発生している」とし、「宅地建物取引業は、住生活の向上等に寄与するという重要な社会的責務を担っており、また、人権問題の早期解決は国民的課題であるので、基本的人権の尊重、特にあらゆる差別の解消に関する教育・啓発が重要であることにかんがえみ、同和地区、在日外国人、障害者、高齢者等をめぐる人権問題に対する意識の向上を図るため、取引主任者等の従事者に対する講習等を通じて人権に関する教育・啓発のより一層の推進を図るとともに、宅地建物取引業者に対する周知徹底及び指導を行う」ことを宅地建物取引業の免許及び指導・監督・処分を行う各地方整備局や都道府県に対して示しています。

大阪府では「宅地建物取引業における人権問題に関する指針」（一九九三年三月策定、二〇一七年四月改定）を策定、土地差別の解消等にむけ人権啓発の推進に取り組むとともに、①取引の対象となる物件が同和地区※に所在するか否かについて調査すること又は取引関係者に教示すること、②賃貸住宅の入居申込者が外国人、障がい者、高齢者又は母子（父子）家庭であるという理由だけで、入居申込みを拒否することを規制する「大阪府宅地建物取引業法に基づく指導監督基準」を策定し、これに違反する行政指導等を行うとしています。

※「大阪府部落差別事象に係る調査等の規制等に関する条例」第二条第一号に規定された地域

二〇一〇年五月一八日に開催された衆議院国土交通委員会において「取引相手から同和地区の存在について質問を受けた場合、回答しなくても宅地建物取引業法第四七条に抵触しない。」という解釈が示されています。前原国土交

通大臣は「取引相手から同和地区の存在について質問を受けた場合、回答しなければ宅建業法四十七条に抵触するかとの問合せがあるかどうかということも聞いております。これは、答えを言いますと、抵触するかというのは、抵触しないわけです。そんなことは答えなくていいというのが宅建業法の四十七条であります」と明確に答弁しています。

しかし、残念ながら自治体への同和地区の有無や所在地等の問い合わせ事件の実態や大阪府不動産マーケティング協議会のアンケートの結果などからも部落に対する土地差別は解消へ向かっていない状況にあります。こうした現実を国土交通省や各地方整備局、都道府県、そして業界団体に対して問題提起し、取り組みを強化することが求められています。

7 人権擁護行政の砦としての法務局の取り組みの強化

被差別部落の所在地一覧の出版や投稿の是非を問う裁判で東京高等裁判所は、被差別部落の所在地をさらす行為は「人間としての尊厳を保ちつつ平穏な生活を送ることができる人格的な利益」を侵害する行為であることを認めるとともに、「実際に不当な扱いを受けるに至らなくても、これに対する不安感を抱き、ときにその恐れに怯えるなどして日常生活を送ることを余儀なくされ、これによって平穏な生活を侵害されることになる」（二〇二三年六月二八日）と述べました。

法務省は「インターネット上の同和地区に関する識別情報の摘示事案の立件及び処理について（依命通知）」（二〇一八年一二月二七日）を発出し、被差別部落の所在地情報を削除依頼の対象としましたが国会答弁で人権擁護局長が「残念ながら顕著な変化は見られません」と答弁（二〇二一年三月一七日、衆議院法務委員会）せざるをえないのが現状です。

一九六五年に出された内閣同和対策審議会答申は「差別事象に対する法的規制が不十分であるため、差別の実態およびそれ自体が被差別者に与える影響についての一般の認識も稀薄となり、差別それ自体が重大な社会悪であることを看過する結果となっている」ことを指摘、「差別に対する法的規制、差別から保護するための必要な立法措置を講じ、司法的に救済する道を拡大すること」「人権擁護機関の活動を促進するため、根本的には人権擁護機関の位置、組織、構成、人権擁護委員に関する事項等、国家として研究考慮し、新たに機構の再編成をなすこと」などを求めました。

「人権擁護施策推進審議会」が提出した「人権救済制度のあり方について（答申）」（二〇〇一年五月二五日）では法務省の人権擁護機関による人権相談及び人権侵犯事件調査処理規定について、「法務省の人権擁護機関は、（中略）現状においては救済の実効性に限界がある」「これら（注：裁判制度、裁判外紛争処理制度（ＡＤＲ））は、実効的な救済という観点からは、それぞれ制約や限界を有している」と指摘し、「任意調査により人権侵害事実の有無を確認し、これが認められるときは、勧告、説示等の措置をもって加害者を啓発し、人権侵害状態の除去や再発防止を促すなど、専ら任意的手法によって人権侵害事案の解決を図るものである」「実効的な救済という観点からは、次のような限界や問題点がある」「専ら任意調査に依存している」「専ら啓発的な任意の措置に頼っている」「法務省の人権擁護局を中心とした制度」「人的資源が質・量ともに限られており」「国民一般から高い信頼を得ているとは言い難い」と切り捨てています。

「部落差別事件の集約・対応状況等に関するアンケート」からも部落差別事件の解決にあたって法務局の取り組みが消極的であるとの指摘が七県連から寄せられていました。こうした背景に「人権救済制度のあり方について（答申）」「人権擁護委員制度の改革について（答申）」が厳しく指摘した我が国における人権擁護の法制度の欠陥が横たわっています。

8　同和行政の経緯をふまえた部落差別解消のための自治体の取り組みの推進

「同和対策審議会（以下、答申）」（一九六五年）から五九年、「地対協意見具申（以下、意見具申）」（一九九六年）から二八年が経過するなか、部落問題の解決に向けて基本姿勢が大きく揺らいでいます。

部落問題の解決にあたって「答申」は、「同和問題は人類普遍の原理である人間の自由と平等に関する問題であり、日本国憲法によって保障された基本的人権にかかわる課題である。（中略）その早急な解決こそ国の責務であり、同時に国民的課題である」とし、「同和行政は、基本的には国の責任において当然行なうべき行政であって、過渡的な特殊行政でもなければ、行政外の行政でもない。部落差別が現存するかぎりこの行政は積極的に推進されなければならない」と述べました。

「地対財特法」の終了と一般対策への移行にあたって「意見具申」は「同対審答申は「部落差別が現存する限りこの行政は積極的に推進されなければならない」と指摘しており、特別対策の終了、すなわち一般対策への移行が、同和問題の早期解決を目指す取組みの放棄を意味するものではないことは言うまでもない。一般対策移行後は、従来にも増して、行政が基本的人権の尊重という目標をしっかりと見据え、一部に立ち遅れのあることも視野にいれながら、地域の状況や事業の必要性の的確な把握に努め、真摯に施策を実施していく主体的な姿勢が求められる」と述べました。

そして政府は「意見具申」をふまえて「地対財特法」を終了し、「残された事業課題」「地方公共団体の財政状況」「これまでの成果を後退させない」ことを考慮して今後の同和行政を進めていくことを内容とした「同和問題の早期解決に向けた今後の方策について」を閣議決定しました。

二〇〇〇年に施行された「人権教育・啓発推進法」では第五条において「地方公共団体は、基本理念にのっとり、国との連携を図りつつ、その地域の実情を踏まえ、人権教育及び人権啓発に関する施策を策定し、及び実施する責務を有する」ことが規定され、同法にもとづき策定された「人権教育・啓発に関する基本計画」（閣議決定）には、「同和問題の解消を図るための人権教育・啓発については，平成八年五月の地域改善対策協議会の意見具申の趣旨に留意し、これまでの同和問題に関する教育・啓発活動の中で積み上げられてきた成果等を踏まえ、同和問題を重要な人権問題の一つとしてとらえ、以下の取組を積極的に推進することとする」ことが盛り込まれています。

そして二〇一六年には「部落差別解消推進法」が施行され、第三条では「地方公共団体は、前条の基本理念にのっとり、部落差別の解消に関し、国との適切な役割分担を踏まえて、国及び地方公共団体との連携を図りつつ、その地域の実情に応じた施策を講ずるよう努めるものとする」とされました。

しかし、自治体による取り組みに大きな較差が生じている実態が明らかになっています。

部落差別解消推進法が施行され七年が経過しますが、被差別部落がある自治体とない自治体での較差、ある自治体でも「同和対策事業特別措置法」時代に事業実施地区を指定して同和対策事業を進めてきた自治体とそうでない自治体での較差、同和対策事業を進めてきた自治体でも二〇〇二年の法失効後も一般対策を活用しながら部落問題解決を進めてきた自治体とそうでない自治体での較差などが拡大してきています。「部落差別事件の集約・対応状況等に関するアンケート」でも「都府県が差別事件の取り組みに消極的である」（四県連）、「市町村が把握した差別事件が都府県連に情報共有されない」（四県連）といった回答がありました。

「同対審答申」「地対協意見具申」「部落差別解消推進法」などすべての自治体における部落差別解消のための施策実施にあたっての方針や計画の策定、体制の整備、そして職員の部落問題学習、「同和地区の問い合わせ」など部落差別の相談に的確に対応できる相談員の育成や窓口の整備は喫緊の課題になっています。

9　運動団体の取り組みの強化

「部落差別事件アンケート調査」に回答いただいた都府県連は二二都府県連で、期限までに回答がなかった県連が一二県連ありました。その中には「差別事件を集約していない」という回答もありました。回答いただいた都府県連アンケートの中には「事実確認会や差別事件糾弾会を経験した人材がいない」（三県連）、「地協や支部が把握した差別事件が都府県連に情報提供されない」（一県連）といった回答もあり、差別事件への運動団体の取り組みが一部で後退している可能性があります。情報化の進展にともない部落差別の実態が大きく様変わりし、部落にルーツを有する人々がその出自を暴かれ差別を受けている蓋然性が高いと考えられることから、運動団体として部落問題に関する相談や発覚した差別事件の解決にむけた取り組みはますます重要になってきています。アンケート結果をふまえ、未回答の理由やその背景や課題を明らかにしていく作業が今後必要になってきています。

10　部落差別解消推進法の改正と包括的差別禁止法の制定

ネット上に被差別部落の所在地情報が投稿され続けている以上、投稿された情報を発見し削除を求めるモニタリングの取り組みはますます重要になってきています。削除要請をしてもすべてが削除されるわけではありませんし、削除できてもまた投稿されるという現状もあるのですが、YouTube上の約二〇〇本の動画をGoogle社が削除したようにネット上の部落差別の差別性を社会に訴え抜本的な解消策をつくりあげるためにもモニタリングの取り組みを拡げていく必要があります。その場合、プラットフォーム事業者の責任によるモニタリングの実施と、取り組みの強化を求めていく必要があります。また、通信関連四団体代表による違法情報等対応連絡会が策定した「違法・有害情報への対応等に関する契約約款モデル条項」で契約者に禁止を求めている「他者を不当に差別もしくは誹謗中傷・侮辱し、他者への不当な差別を助長し、またはその名誉もしくは信用を毀損する行為」（不当な差別的取扱いを助長・誘発する目的で、特定の地域がいわゆる同和地区であるなどと示す情報をインターネット上に流通させる行為）や、法務省が発出した「依命通知」などをふまえ、国内外のプラットフォーム事業者の「削除基準」に部落の所在地情報を明確かつ具体的に明記させることです。

しかしながら「削除基準」の作成や公表などプラットフォーム事業者の取り組みはあくまでも自主的なもので必ずしも事業者が策定公表するとは限りません。部落の所在地情報を「違法情報」と明確に位置付ける法律がないと事業者が情報を削除することは困難です。部落差別解消推進法施行七年で明らかになったのはやはり部落差別を明確に定義し、ネット上に被差別部落の所在地情報を投稿する行為を禁止するような法改正が不可欠であるということです。

11　人権教育・啓発推進法の強化改正

「人権教育・啓発推進法」施行（二〇〇〇年）からすでに四半世紀が経過しようとしています。この法律は附則第二条で「この法律は、この法律の施行の日から三年以内に、人権擁護施策推進法（平成八年法律第百二十号）第三条第二項に基づく人権が侵害された場合における被害者の救済に関する施策の充実に関する基本的事項についての人権擁護推進審議会の調査審議の結果をも踏まえ、見直しを行うものとする」ことを規定しています。

法施行から約四半世紀の間に、情報の進展にともない部落差別の状況に大きな変化が生じています。障害者差別解消法やヘイトスピーチ解消法、アイヌ施策推進法の制定やハンセン病問題基本法の改正、虐待やハラスメントに関わる法制度の整備など人権教育・啓発をめぐる社会状況は様変わりしています。個別差別解消法が差別解消にあたって人権教育、人権啓発の取り組みを政府や自治体に求めています。しかし、とりわけ学校教育現場では部落問題学習の推進は学校や教員の裁量にまかせられています。法務省が実施した「部落差別の実態に係る調査」（二〇二〇年）では人権問題についての授業等の「学習経験がある」と回答した人は五二・四％で、約半数の人は部落問題学習どころかその他の差別や人権についての学習経験さえないのが実態です。部落問題学習など人権問題学習が学校や教員の裁量にまかされている結果、差別や人権について十分に学ばないまま情報化社会へ放り出されているのが実態です。人権を教科にするなど人権教育・啓発推進法の抜本的改正をはじめ差別解消に実効性のある法整備が必要となっています。

12 「登録型本人通知制度」のさらなる普及と戸籍法・住民基本台帳法の改正

行政書士、司法書士、弁護士等の有資格者による戸籍・住民票等の不正取得事件があいつぐ中、二〇〇八年に住民基本台帳法が改正され、不正な手段によって他人の住民票や戸籍謄本等の交付受けた者に刑罰(三〇万円以下の罰金)が科されるようになりました。

二〇〇九年六月一日から大阪狭山市において住民票や戸籍謄本等を第三者に交付した場合に、事前に登録した本人に交付の事実を通知する「登録型本人通知制度」が導入され、現在全国七四二（導入予定含む）の自治体（二〇二四年一月一〇日現在、部落解放同盟中央本部調べ）に拡がっています。

戸籍謄本等の不正取得を過料から刑罰化した際に本人通知制度の導入は法改正の成果をふまえた上で検討するということでした。しかし刑罰化しても不正取得は後をたっていません。防止の取り組みを自治体任せにするのではなく戸籍法・住民基本台帳法を改正しすべての自治体において不正請求の防止に取り組むべきではないでしょうか。

部落差別調査につながる蓋然性の高い戸籍や住民票等の有資格者による不正請求に興信所や探偵業者が関与しているケースが多いことをふまえると、二〇〇六年に成立した「探偵業の業務の適正化に関する法律」（以下、探偵業法）を部落差別調査の根絶に実効性のあるように改正することも検討が必要です。「探偵業法」は第一条で「この法律は、探偵業について必要な規制を定めることにより、その業務の運営の適正を図り、もって個人の権利利益の保護に資することを目的とする」としています。第二条で「探偵業務」について「他人の依頼を受けて、特定人の所在又は行動についての情報であって当該依頼に係るものを収集することを目的として面接による聞き込み、尾行、張り込みその他これらに類する方法により実地の調査を行い、その調査の結果を当該依頼者に報告する業務」と定義しています。

そして「探偵業務の実施に関する規制」として第九条で「探偵業者は、当該探偵業務に係る調査の結果が犯罪行為、違法な差別的取扱いその他の違法な行為のために用いられることを知ったときは、当該探偵業務を行ってはならない」「探偵業者は、探偵業務を探偵業者以外の者に委託してはならない」とされています。条文を読むと「不動産」が被差別部落や被差別部落を含む校区や周辺にあるのかどうかを調べたりする行為は「探偵業務」に該当しないことになります。また「探偵業務の実施に関する規制」についても何が「違法な差別的取扱い」に該当するのかがあいまいです。「大阪府部落差別調査等規制等条例」など自治体で先行する条例を参考に結婚や採用、不動産の売買賃貸などの差別身元調査、土地差別調査を「探偵業法」で規制する法改正も検討される必要があります。

13 差別の禁止、人権の救済に役立つ人権条例の制定・改正

「国立市人権を尊重し多様性を認め合う平和なまちづくり基本条例」(二〇一九年)や「差別を解消し、人権が尊重される三重県をつくる条例」(二〇二二年)などあらゆる差別を禁止する包括的差別禁止条例の制定が広がっています。また、たつの市「部落差別の解消の推進に関する条例」(二〇一七年)や湯浅町「部落差別をなくす条例」(二〇一九年)、和歌山県「部落差別の解消の推進に関する条例」(二〇二〇年)、埼玉県「部落差別の解消の推進に関する条例」(二〇二二年)など部落差別を禁止する個別差別禁止条例の制定も拡がってきています。「部落差別解消推進法施行」(二〇一六年一二月)以降に、部落差別に関する条例(包括条例、個別条例、人権尊重の社会づくり条例など)を制定(既在条例の改正含む)している自治体は、一六八にのぼります(二〇二四年一月時点、部落解放・人権研究所調べ)。

差別事件に的確に対応するためにも部落差別の禁止、差別被害の実態把握、差別被害の相談救済、差別抑止のための教育・啓発などを規定した条例の制定や改正が必要です。

（たにがわ・まさひこ　（一社）部落解放・人権研究所代表理事）

インターネット上の部落差別
——二〇二二年度の現状と課題

松村　元樹

はじめに

二〇二二年度におけるインターネット上の部落差別の現状と課題等について、各サイトの特徴などについて紹介していきたい。紹介する実際の投稿については、自治体名や地名は伏字（〇〇）、人物名は伏字（●●）とする。また、引用または誤字・脱字等はママで掲載している。

一　「令和五年版人権教育・啓発白書」

「令和五年版人権教育・啓発白書」では、「部落差別（同和問題）」に関して、「インターネット上の差別書き込み等の事案は依然として存在している。」と指摘しており、人権侵犯事件数については、次の表にあるように、年々、事件数が増加しており、その内容には「関係行政機関からの通報等により、インターネット上で特定の地域を同和地区であると指摘するなどの内容の情報を認知した場合は、そ

人権侵犯事件数（開始件数）	平成30年	令和元年	令和2年	令和3年	令和4年
部落差別（同和問題）に関する人権侵犯	92	221	244	308	433

（法務省人権擁護局の資料による）

の情報の削除をプロバイダ等に要請するなどしている。」とされている。同和地区の所在地情報を公開する行為が増加してきている問題がある一方、モニタリングに取り組み、通報や法務省局へ削除要請する動きが広がり、それが件数の増加につながっている面もあることがうかがえる。

二　電子掲示板

　多くのモニタリングを実施している団体がモニタリングの対象としている電子掲示板「爆サイ．ｃｏｍ」は投稿数が一〇億件数を超えたと発表されている。モニタリングで発見し、差別と認定したうえで、削除要請をしても削除されない差別投稿が今も残り続け、蓄積され続けている。
　投稿の一例を紹介する。

同和地区所在地情報の適示

・〇〇〇（自治体名）と言えば〇〇（地名）部落
・●●●●（人名）はガチガチの部落、エタ非人だぞ！！
　お前殺されるな
・〇〇〇、〇〇、〇〇、〇〇（地名）いや全部部落やな
・〇〇〇（地名）の気持ち悪い部落犯●●●（人名）
・〇〇（地名）って町全部が同和？
・〇〇〇（自治体名）で部落は、どこ？〇〇（地名）と
　〇〇〇（地名）？
・〇〇（地名）の同和食肉卸の息子だけあって鬼畜
・〇〇〇（地名）や〇〇〇（地名）の同和利権やれや

その他

・朝田理論差別はワシらの飯のタネ同和利権とＬＧＢＴは似ているな
・大阪府堺市は同和地区があり部落民、在日が多い部落民、在日がＢ枠で役所に入り込んで悪の限りを尽くしてる他にも八尾市、東大阪市、羽曳野市これ豆な
・集団でくるんやったら同和やろ？
・アホの一つ覚え連呼する　同和部落の嫌われ者とるやん
　〇〇穢タコ非人歯糞乞食
・いい歳こいてこのザマ出自、育ちの悪そうな振る舞いは明らかに同和とか在日だろ
・全国の朝鮮韓国や同和いるところに原爆でもいいから片っ端から落としていったら日本も変わる
・同和ってアホが多いよなｗ嫁にもいけんしなｗ同和地区に嫁にくるやつとか恥ずかしくないんかな？子供がかわいそうやろ。

・お前がキモい汚いんやろがカス同和部落民は消えろ出てくんなアホ
・同和地区に核をぶっ放してロシア人を絶滅させる国内全てのコリアンタウンに核をぶっ放して在日韓国人を絶滅させる日本もさっさと核を作ってぶっ放してこいつらを皆殺しにして人口削減したらええだけやん・・・
・現代ヤクザの約6割が、同和地区出身ですよね
・お前は最下層の同和部落民らしくド底辺履い回っとけよ穢タコ非人
・発狂してるキチガイて同和部落のクズやよね（笑）
・エタ非人（笑）同和部落の糞臭い悪臭プンプン撒き散らしながら 今日もリヤカー引いて家業の肥溜め漁りに精を出す（爆笑）
・同和地区とは合併したくないよ。
・また同和地区のアホが書き込んでる消えろや部落民
・こいつチョンか部落民だろこいつやこいつの家族を目を潰したら点字ブロックの必要性がわかると思うが・・こいつ特定して勇者は現れないのか？
・部落民）人の心も常識もない部落民：「2人で遊びに行こう」女性：「嫌です」人の心も常識もない部落民：「みんなで嫌がらせしたるわ」他の部落民達：「みんなであいつを襲ってレイプしようぜ」マネージャー：「部落民達が何かおかしい、危険だから今すぐそこから離れて、今すぐ逃げて」女性：「分かりました」部落民達：「ヒャッハー　えっ！　あの女どこに行きやがった」
・部落民みたいに汚い人。きらいよ。
・部落出身さんは頑張って働きましょ／(*＾0＾)♪部落の週間一般社会に持ち込んだらダメですからねー
・気持ちは分かる恨みしかない遊べんゴミ店部落にある店はやっぱいかんわ
・ちび短足眼鏡性格ぼっとん便所部落出身嘘つき知ったかぶり
・お前みたいな邪悪な血が流れた部落に天罰を
・四つは部落から出ないでね
・結局部落とかなんやろ？　部落？がいきんなやボケ知らんけどの〜
・ジジイがキモいんだよ。育ちが悪いと下品だな貧しい部落民は

三　ソーシャルネットワークサービス（SNS）

ＳＮＳのなかでも「Ｉｎｓｔａｇｒａｍ」「Ｘ（旧Ｔｗｉｔｔｅｒ）」「ＴｉｋＴｏｋ」上で同和地区の所在地

を公開する行為が発生してきており、過去の投稿が未だ削除されず公開され続けている。二〇二二年度のXへの投稿内容の一部を紹介する。

・学術・研究：部落探訪〇〇〇（自治体名）〇〇〇（地名）東京の部落。馬頭観音がありました。かつて白山神社あったことを知っている方はいらっしゃいましたが、部落ということは忘れ去られているようです。主な名字は●●。

・結局そう言いながら水道利権の闇にはよう首突っ込めませんよね？森友問題騒ぐだけ騒いで同和の土地の闇に一切触れなかったように……

・令和の同和利権ですね。

・●●●●（国会議員名）がLGBT法の旗振り役なら、慰安婦、同和、アイヌのような新しい差別利権―要は金です

四　動画サイト

二〇二二年度も、二〇一八年一二月に出された法務省の依命通知に違反する同和地区の所在地情報を摘示するYouTube上の動画が、モニタリングを実施している団体や個人から報告や通報されてもYouTubeから削除されない状況が続いている。

地域の歴史の解説をしながらも、被差別部落や住民への差別意識や偏見を助長する内容を語る動画などが見られ、未だ削除されないまま公開され続けている。

サムネイルやテロップでは、差別意識や偏見を助長するような内容が使用されており、著名人をアウティングする動画もある。そうした動画は視聴回数が増え、チャンネル登録者が増えることにより、Googleからチャンネルを立ち上げている個人等に広告収入が入る状況となっており、部落差別を助長・誘発することによって差別商いが成立してしまっている状況にある。

部落差別解消推進法が施行された影響でないことは間違いないが、法施行後のほうが、同和地区の所在地を公開するチャンネルが増加し、多くの閲覧回数に及んでおり、国や政府は未だ有効な対策を講じられていない。

地名を公開している動画の一部のタイトルを紹介する。

・【〇〇（自治体名）・〇〇（地名）地区】貧富と清濁を併せもつ被差別部落と呼ばれた街　再生回数八万回

・【〇〇（地名）】食文化の源流。被差別部落と呼ばれた

“食肉の街” 〇〇〇〇〇〇（自治体等地名） 再生回数四六万回

- 壮大なニコイチ住宅ニュータウン&解放会館人権センター@〇〇〇〇〇町営住宅 再生回数一七万回
- 【〇〇〇〇（地名）地区】被差別部落と朝鮮部落 琉球人の共棲 貧民窟スラム地域を歩いてみた 再生回数一六万回
- 【と畜で栄えた部落】 焼肉街道の繁栄に食肉事業センターが 〇〇〇〇〇（自治体名、地名） 再生回数一八万回
- 【〇〇〇〇（自治体名、地名）スラム】日本有数の貧困窟 コリアンと被差別部落 〇〇〇（地名）地区を歩いてみた 再生回数一一万回
- 【カラスが舞う】〇〇〇・〇〇〇（地名）（旧〇〇〇部落）を散策する 再生回数六万回

二〇二二年一一月末、YouTubeを提供するGoogleによって、特定のチャンネルから約二〇〇本の同和地区の所在地を公開してきた動画が「ヘイトスピーチに関するポリシー」の違反として削除されることになった。ABDARC（アブダーク：Anti-Buraku Discrimination Action Resource Center）は一一月一三日から動画の削除を求めるオンライン署名活動を始め、Googleが動画を削除した一一月三〇日までに、二八〇〇〇筆以上の署名が集められた。署名では、動画の投稿の禁止規定に「被差別部落の所在地暴露（識別情報の摘示）」を明記することなどが求められた。

しかし、Googleから動画を削除されたチャンネルを立ち上げた人物は、独自の動画サイトを立ち上げ、削除された動画を再び公開している。事業者による自主規制では不十分であるという明確な立法事実であり、法規制が急務であると言える。

また、YouTubeのコメントでも悪質な部落差別投稿が行われている状況にある。

- 個人的に今の部落差別って一部の人が同じ地域の方と集団で悪さや脅しを被差別部落の人間に行うから尚更無くならないと思います。たとえ部落出身者でも普通に暮らしたい方が居ると思いますが部落の地名を利用して強がる人達が居る限り差別は無くならないと思います。
- 差別と称する事がないと困る団体があるから無くならな

い、昔あった事実は消せないなら風化させるしかないだろう、なのに前者の輩が無駄に掘り起こす、本気で無くしたいと思ってないだろう、全て利権であり特権の温床でしかない、熱海の土石流事件が良い例だ。

・部落の人間がいなくなれば差別はなくなるんだよなぁ

・もうこうなったら国の政策で日本国全土が部落と定めるしかないな。全員が差別される対象だとすれば被差別部落はなくなる。全員が部落出身者なんだから。

・結局、現代では差別は利権でしかない。

・利権の利用で部落とヤクザは大きくなりました。暴対法はその行き過ぎた利権の引き締めです。利権を利用しない部落の人らが一番かわいそうです。

・とにかく、部落民と一般人の間で民事ではなく刑事事件が発生すると、部落民が99％勝てる。

・部落という事を特権として我が物顔でやりたい放題してるならず者部落、または似非部落がいるからなあ。もはや誰も興味もない時代なのに自分たちで部落を忘れんじゃねえ！って触れ回ってるんだから笑える

・同和対策特別措置法で部落民は優遇され、それから利権が発生した。そのままの境遇で、そこから自力で這い上がった方が良かった。利権を利用する以上差別はまだまだ続くよ。

・これコロナと一緒で色んな話しがある。隣町が部落なのに同和指定された、とか同和事業した綺麗な街が元々部落なのに古い隣町が部落に勘違いされたり、同和事業や団体で利権を貪る人がいたり

・なんで部落自体の事を知らんやつにまでわざわざ周知して差別利権や優遇措置を今後も継承していく努力をするのか？差別がなくなって欲しいと思うならしれーっとしとくのが1番やで。そのうちミーンな忘れる。

・ブラクもドーワもアイヌも利権でしょ。そもそも新宿歩いて誰がブラク出身だか見分けもつかないのに差別などしようがない。ブラクなど永久に利権で食いたい人の飯の種ですわ。

・部落差別か。高校時代にクラスのやつが、俺は部落って言うて周りに威圧的な態度してて、案の定嫌われてました。自分で自分の首絞めてる感じで、バカじゃねえの、言わなかったらいいのにって思いました。それからいい印象がなくなりました。

・部落地区で生まれ育った人は、…なんか見たら分かる

・西日本の問題を関東をはじめ他地域に持ち込んでほしくないというのがよその人らの偽らざる本音だと思うよ。

近畿の利権ビジネスは毎度エグすぎる
・部落利権だろ。八鹿高校事件に代表される運動家の利権だ。
・部落地区に住んでる事で税金面とか恩恵得てるし！
・若い頃は、ワリャどこのもんや？わしは◯◯の誰々やってていきがってた奴いたわ。この時代でも、シンナーボケして頭悪い親世代が我が子に自慢げに話して受け継がれていくんやから無くならんって。
・まぁ、同和利権が無くなると困る奴らもいるもんなｗ
・差別はせんけど、区別はするよ。だって部落の人タチ悪いもん
・京都は朝昼夜、清掃車が走る。産業廃棄物と書いた車も多い。品の無い人も多い。だから何って感じだけど、関東方面から来るとどうしても部落に紐つけてしまいます。
・色々意見はあるが、やばい人多いのは事実。特権与えるからずっと差別されたいでしょ。
・何処かの市役所の職員は公務員だけど同和出身だから税金を払って無かったなぁ。だからその役所自体嫌いだった。いまだに部落、同和を利用して利権を得ているのでは？北海道のアイヌのように。やっぱり血が濃すぎるのが原因！差別する気はさらさら無いが、同和地区の人はタチ悪い人が多い
・差別を利権にするからなくならないのでは
・身内で関西地方で教員してる人が、同和地区は絶対行きたくないって言ってた。権利ばっかり主張してくるし、めんどくさいトラブル凄い多いからだと

五　Q&Aサイト

月間アクティブユーザー数が約八四〇〇万人のＹａｈｏｏ！が提供するサービスの一つ、Ｑ＆Ａサイト「Ｙａｈｏｏ！知恵袋」では、二〇二二年度は「部落」を用いたＱ＆Ａが五九〇件、「同和」は三八五件、投稿されていた。地名に関するやりとりが行われる質問は過去に比べると大幅な減少傾向にあるが、今なお差別的やりとりが後を絶たない状況となっている。一部を紹介する。

質問：相手の親に反対されてます。私の苗字が●●で同和問題とまた学歴が高卒だからみたいです。しかし彼氏は時間を掛けると言ってくれています。私は信じて良いのでしょうか？

質問：親から生前、先祖が部落地帯に家を買って引っ越し

たという話を聞きました。部落地帯とは住所のどこからどこまでか、誰が知っていますか？またご先祖が悪いと聞かされたのですが、父方と母方にも色々な人がいて、血縁ではない人との養子縁組を作った人もいたりして、誰が悪いのか分かりません。結婚はできなくても、就職できないように仕向けられるのはなぜでしょうか？

質問：部落の人との結婚ってどういう問題が起きるのですか？60代以上の人などは部落の問題についてある程度知識はおありですか？イメージでも構いませんから、何でも回答下さい。

回答：65歳男性です。生まれも育ちも北海道札幌市出身で、23歳で初めて本州に渡って就職し、以来ずっと本州暮らしです。こちら（本州）に来た時には、部落というのがなぜ問題なのかも知りませんでした。北海道には（少なくとも私が生まれ育った土地には）部落問題など全く存在しませんでしたから。ですが、職場の研修で「部落民を差別しないようにしましょう」と定期的に開催されたり、ニュースや身近で「部落差別を止めよう」としょっちゅう叫ばれるのを見聞きして、何も知らなかった僕は「部落の人への差別を止めようと、わざわざこれだけしつこく言うってことは、差別されるようなことをしているせいに違いない」と思うようになりました。ということで、正直言って部落問題に対する知識はほとんどないのですが、僕の感覚では「部落の人って、きっとおかしな人が多いに違いない。だから、あんなに騒いでいるんだろう」と思っています。なので、そんな部落の人と結婚するってことは、周りにおかしな人達がいる集団に飛び込むようなものなのではないかという感じをしています。イメージだけの回答ですみません。

質問：これって部落差別になりますか？そろそろ結婚したいなあと思っていたら、友人が女性を紹介してくれるというので、じゃあお願い、って答えたら、しばらくして「相手の女性が、自分は部落出身者だけどいいか？」って言ってるとのこと。友人も知ってるんだけど、俺実家は田舎の旧家でそういうことになるとものすごくめんどくさいことになるのは目に見えているので、そういうことなら、会わない方がいいな、と思ってその紹介自体無くなった。名前どころか顔写真すら見せてもらってない。俺としては部落出身者が嫌というんじゃなくて、もし結婚となると家族親類から100％大反対になることは目に見えているので、わざわざ問題を作ること自体を避けたいと思った。まだ見たこともあったこともない相手なのに。これって部落差別になりますか？あなたならどうしますか？ちなみに、もし好き同士で付き合っていて結婚前提の彼女に同じことを告白されたら、反対されても結婚しますが、まだ見たことも会ったこともない相手なので、そのためにトラブルを自分から作ることは選べませんでした。

回答：全然差別ではありません。むしろ貴方は部落差別を回避したのです。互いに関わらなければ何のトラブルもありません。同性愛者が差別されるのは異性愛者に喧嘩を売るからでもあります。貴方が会わない事でその相手の女性は傷付かずに済んだのですよ

質問：「部落の人と結婚する」高齢の方はこの事に反対する人がいますよね。それは何故反対するのですか？ただ「部落だから」ではなく、具体的な理由はどういうものがあるのでしょうか？

回答：特殊な教育環境に置かれていることが多い。どこかの国の幼少期からの反日教育と同様に、自分達は差別を受けてきた歴史があり、その分を長きに渡って保障されるべきという考え方を教え込まれている人が多いかな。同化させて風化させるより、補償を受け続ける事を選んでおり、秘密結社的な妙な団結力もあるので、将来その人と喧嘩別とかすることになったら、関係のない第三者がしゃしゃり出てきて個人対集団的な争いになるかもって思ってしまったりもするので、ちょっと怖い。もちろん、地域ごとに差は大きいと思います。

質問：同和地区かどうかを訊ねて、「そのような質問には答えられない」と帰ってきたらそこは同和地区であると、上司に言われたのですが、本当にそうなんですか？過去に実家周辺の画像をネットで見た上司に「同和地区っぽい」と言われて、また先輩からも「間違いない」と言われてます。

回答：人間の生きる土地じゃありません

質問：日本各所には部落と呼ばれるものがあるのですが（たとえば〇〇〇（自治体名）の〇〇〇（地名）とか）そういったものはなぜ部落と呼ばれるのでしょうか？過去の歴史になにかあったとしても現代においてその地域近辺に住むとしたり訪れるにあたり何か弊害があるのでしょ

うか？？

質問：彼氏が部落か部落じゃないか確認したいから彼の実家の地域を聞いてこいと親にしつこく言われます。こんにちは。当方22歳女です。彼は、私より10年上で、2つ隣の市に実家があります。私の母は、古い人間なのもあるかもしれませんが、部落を異常に嫌がりネットで自分で部落について調べて『●●さんは、こういう名字だから部落にちがいない。』『この地域出身だから、あの人は部落だろう。』とか、憶測でよく言っています。とても、上部だけの浅はかな知識だけでそういうことを言うんです。私は、それを聞くのがいつも辛くて。やめてほしいといい続けて来ましたが、止めてはくれず。私は部落が、どうとか。そういうのは気にしたことがなかったし、例え部落出身の人が知り合いにいたところで何も思いません。そんな事を気にしているなんて下らないと思います。上手く言えないですが、そうだったとして。だからどうしたという話です。で、最近は付き合っている彼の地域がどこか聞いてこい。ととてもしつこく。家にいればずっと後をつけて言ってくるし、外にいても今聞け。と連絡が入ります。ほとほと疲れました。もちろん、彼に聞くのも何だか嫌で、聞いてはいません。大事なことだから。親をばかにするな。そんなに、隠さなきゃいけないのか？もはや何も言っていないのに勝手に部落出身にしたてあげられていて、部落出身者とは結婚許さんと言い出しました。最近は、また更に調査に熱が入り。ネットにかじりついて部落について調べたり。あらを探しています。好きな人の事を憶測で悪く言われるのも苦しいし、しつこいし。母がやっていることか凄く幼稚っぽくて呆れるし。でも、私の気持ちは分かってはもらえないしで嫌になります。万が一、彼が部落だったら、母はどんな手を使ってでも別れされようとしてきます。以前、全然私は悪くないのに自分が気に入らないことがあった時、私に当たって、彼の知り合いに電話して『うちの娘と別れされろ』と騒動を起こしたことがあります。（意味が分かりません。）うちの母ならやりかねません。だいぶおかしい且つ、部落を気にしすぎる親の対処法はどうしたら良いのでしょうか？

質問：同和地区への引っ越しについて悩んでいます。デリケートな内容なので、気分を害する人がいたら申し訳ありませんが真剣に悩んでいるのでアドバイス頂きたいです。新築検討中で現在土地を探しています。緑が多く広い土地が希望の為職場へのアクセスも良好な隣県の郊外で探していました。そこの県内に子育てや住み心地満足度の高い都会へのアクセス良好、かつ義実家へも車で15分と最適なA地域があるのですが、注目度が高い為売土地が少ない事と、その付近は大きな川があるのでハザードも赤色地域が多いです。そのA地域のすぐ隣町であるB地域でドンピシャな土地を見つけ、ハザードもかからず地盤も強くA地域の大きな駅にも徒歩で22分、最寄駅には9分とアクセスも良好です。値段もA地域より安いです。ただ1つ気になる点がそのB地域は古い村が多くいわゆる部落地域と言われている事です。営業さんも村付近は住みずらいと思うので、と外してくれていて、検討している土地は村外れの区画整理された土地です。個人的に、住んでる地域の地名ブランド等は気にしていないのでここでいいなと思っていたのですが、その県に住む複数の知人からその地域はやめておいた方が良いよ。住所を見ただけでそういう人だと思われるし、子供が可哀想と言われてしまいました。希望の土地は角地で左右は契約済みの更地なので、地元の人の可能性は低いのですが、一生住む家になるので迷いが出てしまいました。皆さんなら、気に入った土地であればこういった地域で周囲から反対されていても購入しますか??実際に土地に足を運んだ際は、その悪い噂を耳にする前だったのであまり意識はしていませんでしたが、特に雰囲気が悪いとか治安が悪いとは感じませんでした。

六　ニュースサイトのコメント

二〇二二年度は、ニュースサイト「Ｙａｈｏｏ！ニュース」において部落問題に関する映画上映や映画内容に関する記事が取り上げられた。それらニュースに関するコメント数は、二〇〇件以下と昨年度よりも少ない状況であったが、それでも部落差別に関する内容が複数見られた。一部を紹介する。

・某自治体職員です。同和団体は、暴力団関係者より始末悪い。差別を楯に、柔に剛に巧みな手段を使い、市役所内を我が物顔で支配している。市当局は、その事に対し文句ひとつ言えないくらい支配され、まさに従属国状態です。それこそ湯水のように血税を使い、自分達が潤うような地域改善事業と唄う土木工事を実施している。当然落札業者は同和関連団体、とにかく同和を傘に血税から利益を吸い上げている。いい加減同和なんてこの世からなくして欲しい。

・そもそも30代前半ぐらいまでの人は部落を知らない人も多いと思います。ですから知らないから差別しようもないわけです。本当に差別がなくなると困る方が活動しているだけで

・部落差別自体が少なくなってきたためにビジネスとして成り立たなくなってきたんだろうな。

・部落差別って無くなると部落の人達こまるんだよね？

・差別がなくなると困る人達によるマッチポンプでありませんように。手口が前時代的ですね。

七　インターネット上の部落差別の解消に関する取組の課題点

①法務省は、部落差別解消推進法施行後以降も、ネット上の部落差別に対する有効な対策を講じておらず、法の具現化に向けた政策の展開や地方自治体への施策展開に関する予算措置等も実施されていない。

②総務省は、部落差別解消推進法施行以降も、ネット上の部落差別に対する有効な対策を講じておらず、総務省として部落差別投稿の規制や削除等を展開するのではなく、事業者の自主規制に委ねる状況が続いている。

③文部科学省は、部落差別解消推進法施行以降も、ネット上の部落差別に対する有効な対策を講じておらず、法の具現化に向けた教育政策の展開や都道府県教育委員会への施策展開に関する予算措置等が実施されておらず、あらゆる教育機会に法の具体化に向けた施策の展開が実現されていない。

⇩①〜③の結果、ネット上の差別投稿は未だ深刻な状態にあり、同和地区の所在地を公表され、差別被害が発生したり、被害を受けたりすることに不安を抱く人たちが出てきている。

④プロバイダやサービス事業者のサービス利用における部落差別の禁止や削除対応などについて、部落差別解消推進法施行以降も、モニタリング団体が中心的にモニタリングしているサイトでは、有効な対策が進んでいるとは言えない。部落差別投稿が深刻な状況にあるサービスの事業者であるにもかかわらず、未だ差別を禁止しないポリシーや利用規約に基づいて運用がされ続けている。

⑤地方自治体において部落差別解消推進法に基づき、法律を「上乗せ・横出し」した条例（「上乗せ」とは、

ある事柄について法律が規制している事項を、地方公共団体の条例で、それよりも厳しい規制を定める場合の条例を指す。「横出し」とは、ある事柄について法律が規制している場合、その法律が規制している「分野」内で法律が規制している「範囲」外にまで規制対象を広げた条例を指す）が施行されているが、極めて限定的で少数の自治体にとどまっており、問題解決に有効な条例制定等が広がっていない。インターネット上の部落差別への対策に関する条例についても同様に少数の自治体にとどまっている。

⑥地方自治体においては、モニタリングや部落差別解消に向けた施策を展開していないところもあり、インターネット上で部落差別等が投稿され続けている状況が放置されている。その結果、被差別当事者への被害を生み出している実態が、同和地区の生活実態調査等で報告されている。また、政府や自治体がモニタリングなどを実施しないことによって、被差別当事者が差別投稿に取り組まざるを得ず、差別解消の責任を被差別当事者に押し付けている実態がある。

⑦インターネット上の部落差別による被害が被差別当事者に及ぶなか、一向に救済策等が講じられていない。

八　地方自治体で広がる条例でのネット問題対策

二〇二〇年一二月に施行された「群馬県インターネット上の誹謗中傷等の被害者支援等に関する条例」を皮切りに、地方自治体で同様の条例制定の動きが広がってきている。条項には、自治体の責務、市民の責務、事業者の責務、基本的施策、市民への啓発、インターネットリテラシーの向上、相談体制などの内容が盛り込まれている。

差別や人権侵害に関する条例において、ネット対策が明文化されているものもある。「和歌山県部落差別の解消の推進に関する条例」（二〇二〇年三月施行、同年一二月改正）では、「（部落差別の禁止）第三条　何人も、インターネットを通じて、公衆による閲覧、複写その他の利用をすることが可能な情報を提供することにより、部落差別を行ってはならない。」とされている。また、「特定電気通信役務提供者の責務」を規定しており、「特定電気通信役務提供者は、部落差別の解消のために必要な役割を果たすよう努めるものとする。」「特定電気通信役務提供者は、県及び市町村が実施する部落差別の解消を推進するための施策に協力するものとする。」などが規定されている。

「愛知県人権尊重の社会づくり条例」（二〇二二年一〇月

施行）では、「インターネット上の誹謗中傷等の未然防止及び被害者支援」として「県は、インターネットを利用して情報を発信する者の表現の自由を不当に侵害しないように留意しつつ、次に掲げる施策を講ずるものとする。」とし、「インターネット上の誹謗中傷等（インターネットを利用した情報の発信で、誹謗中傷、プライバシーの侵害その他の人権を侵害することとなるものをいう。次号において同じ。）を未然に防止するために必要な教育、啓発その他の施策」「インターネット上の誹謗中傷等による被害者の支援を図るために必要な施策」を実施することとしている。

「差別を解消し、人権が尊重される三重をつくる条例」（二〇二二年五月施行）、では、「ネットを通じて行われる人権侵害行為の防止」として、「県は、インターネットを通じて行われる人権侵害行為を防止するため、モニタリング（インターネット上の人権侵害行為に係る情報を監視することをいう。）、インターネット上での人権啓発、インターネットの適切な利用に関するリテラシーの向上を図るための教育及び啓発その他の必要な措置を講ずるものとする。」としている。

市町村においても、ネット対策条例を施行しているところもあり、モニタリングの拡充とともに、差別を禁止し、ネット対策を盛り込んだ条例施行の拡充が求められる。

九　問題の解消に向けて

1　部落差別解消推進法の強化改正

国や政府による現行の取組では、いかにインターネット上を含む部落差別の抑止が不十分であるかは、部落差別の現実が物語っている。同時に推進法施行後、七年以上が経過するも、インターネット上の差別問題に有効なシステムが講じられていないなかで差別が悪化する状況を踏まえると、部落差別を禁止し、事業者に向けてもこれまで以上の対策が進められるしくみづくりを含めた推進法の強化改正が急務である。推進法は議員立法のため、関係政党や議員への働きかけなくして実現し得ない。

2　部落差別解消推進法の具体化に向けた施策の展開

法施行以降、部落差別に関する実態調査は実施されたが、具体的施策や教育・啓発等に関する事業展開、地方自治体への施策の展開に向けた予算措置等が七年経過しても未だ実施されていない。法務省は地方自治体へ、文部科学省はあらゆる教育機関に対し、部落差別の解消に有効な施策の展開を方向づける計画や方針等の策定等に取り組まなければならず、その実現に向けた関係諸機関への働きかけが求められる。

3 自治体におけるネット対策を含む差別対策条例の制定と具体化に向けた施策の展開

先述したように自治体でネット対策や差別対策の条例制定が進みはじめている。こうした取組が拡充していくために、条例には次のような条文が求められる。

定　義：誹謗中傷、人権侵害、差別（部落差別）
対策①：誹謗中傷や人権侵害、差別の禁止、防止
対策②：教育・啓発（インターネットリテラシー含む）
対策③：行為者への助言・指導・説示・斡旋・勧告・命令・公表・刑事罰
対策④：サービス提供事業者の責務（未然防止、削除、アカウントの停止や凍結等）
対策⑤：被害者からの相談、被害の救済

大阪市では、ヘイトスピーチに及んだ個人や団体を公表することができる「大阪市ヘイトスピーチへの対処に関する条例」が、二〇一六年七月に施行された。そうしたなか、オンライン上でヘイトスピーチが行われ、大阪市は条例に基づき、投稿者の名前はわからなかったため、ハンドルネームを公表した。これに対し、大阪市に在住する八人が、本条例は、憲法で規定されている「表現の自由を侵害しかねない」として訴訟が起こされた。最高裁第三小法廷では、大阪市の条例は合憲であるとの判断が示された。「表現の自由の制限は合理的で必要やむを得ない限度にとどまる」という判決であり、裁判官五人全員の意見が一致した。条例において、何が差別やヘイトスピーチにあたるのかを定義し、専門性や客観性を備えた第三者機関を設置するなかで「差別に当たるかどうか」を判断し、大阪市のような対応を講じることは、表現の自由を侵害するものではなく、合理的で必要な対応であるとの判例は、今後、全国に拡充していく必要がある。

4 自治体におけるネット対策

ネット上の差別投稿をモニタリングする自治体が増えてきているものの、深刻な部落差別等投稿があるにもかかわらず、実施していない自治体が多い。自治体は差別解消の責務を有しており、法令の基準と、差別の現実に的確な対処を進めていく必要があり、改めて、モニタリングを全国

展開するための取組が求められる。

一方で、差別等投稿の発見というモニタリングは、あくまで問題が発生した際の対策であり、問題を解決するための取り組みではない。発見されるネット上の差別は、現行法や条例に基づく取組では対処できていないという「立法事実」である。既存の取組を大幅に見直し、問題解決に有効な施策を展開するためにも、立法事実の積み上げとしてモニタリングが実施されなければならない。

こうしたことを踏まえ、自治体としては、

①首長名での削除要請や通報を実施すること。

②大阪市のように、条例等を整備した上で、基準と必要に応じて、発信者の情報開示請求を実施すること。

③行為者が特定された場合の再発防止策を具体化すること。

④差別や人権侵害の被害を受けた市民による発信者情報の開示請求を支援すること。

⑤SNSや動画サイトを活用し、情報発信や啓発等を積極的に実施すること。

⑥差別投稿のモニタリングと通報を行うこと。

などの取組が求められる。

5 相談や被害救済

インターネット上を含め、差別や人権侵害を受けた被害者が泣き寝入りせざるをえない事例や、被害者が訴訟や開示請求、通報などに取り組まざるをえない状態が今なお存在している。推進法や条例の具体化のためにも、有効な対策が講じられていかなければならない。

相談に関しては、

①人権相談を受ける職員の資質やスキルを向上すること。

②LINEなどのSNSを活用した相談受付を実施すること。

などの取組が求められる。

（まつむら・もとき　部落解放・人権研究所理事／（公財）反差別・人権研究所みえ常務執行理事兼事務局長）

「全国部落調査」復刻版出版事件

全　国　2023年6月28日

「全国部落調査」復刻版出版事件裁判控訴審判決

（「解放新聞中央版」2023年7月15日付）

「差別されない権利」認め

差し止め・賠償の範囲も拡大

「全国部落調査」復刻版
出版事件裁判控訴審判決

　東京地裁への提訴から7年あまりとなる「全国部落調査」復刻版出版事件裁判は、2021年9月27日の地裁判決後、東京高裁に舞台を移した。6月28日午後、東京高等裁判所第16民事部（土田昭彦・裁判長）が、地裁判決から損害賠償の対象と総額をさらに拡大し、地裁判決で認められなかった「差別されない権利」を実質的に認める控訴審判決を言い渡した。傍聴と判決報告集会には、24都府県から129人の原告・支援者らが参加。15都府県102人のオンライン集会参加をふくめ、参加者はのべ27都府県229人におよんだ。

　この裁判は、全国の被差別部落の所在地情報など一覧を「全国部落調査」復刻版と題する書籍として予約出版しようとし、出版差し止め仮処分後も、当該書籍の内容や「部落解放同盟関係人物一覧」と称する個人情報一覧の電子データをインターネット上に公表し続けていた示現舎にたいし、部落解放同盟と被差別部落出身者ら原告249人が、①「全国部落調査」復刻版の出版禁止と同電子データのインターネット上からの削除②「部落解放同盟関係人物一覧」のインターネット上からの削除③原告一人あたり110万円の損害賠償を求めたもの。

　一審判決では①の削除の範囲を25都府県に限定②の一覧はすでにネット上から削除済みだと認めず③原告の大半に5500～4万4000円の損害賠償を認めたが、「プライバシー権の侵害」で判断し、原告が求めた「差別されない権利」は認めなかった。

　控訴審判決では①の範囲

を25都府県から6県増の31都府県に拡大②は地裁判決を維持③の総額を488万6500円から550万円に増額した。また、憲法で認められた平穏に暮らす「人格権」が侵害されたとし、裁判例で初めて、原告らが求めていた「差別されない権利」を実質的に認めた、と弁護団は評価した。

判決主文を聞いただけでは除外対象が多い印象で、一審判決から前進したのかどうか判然としなかった。弁護団が姿を現し、「勝訴」「差し止め範囲大幅拡大」と掲げると、待ち構えていた原告・支援者らがようやく喜びの声をあげた。

日比谷公園内の日比谷図書文化館での報告集会では冒頭、西島委員長が「控訴審判決では「差別されない権利」が認められた。削除の対象も25都府県から6県増えて31都府県に。国会もこの判決に注目していた」とあいさつ後、片岡副委員長が原告代表あいさつ。弁護団から指宿昭一・弁護士、山本志都・弁護士、中井雅人・弁護士、河村健夫・弁護士が、判決とその意義について解説した。

報告集会後、東京・霞が関の司法記者クラブでひらかれた記者会見には、指宿弁護士、河村弁護士、西島委員長、片岡副委員長が出席。4人の発言後、報道各社からつぎつぎに質問が出され、判決への関心の高さがうかがえた。

原告や支援者らに向け弁護団が「勝訴」を掲げる（6月28日・東京）

控訴審判決報告集会にはオンライン参加をふくめ27都府県から229人が参加した（6月28日・東京）

全　国　2023年6月28日

「差別されない権利」を認めた画期的判決

（「解放新聞中央版」2023年7月15日付）

認めた画期的判決

「全国部落調査」復刻版出版事件裁判の控訴審（東京高裁）の判決が出された。当日の判決の報告集会（6月28日、東京・日比谷図書文化館）での中央本部あいさつ、弁護団報告、閉会あいさつ、原告代表あいさつ、国会議員あいさつの要約などを掲載する。

中央本部あいさつ

中央執行委員長
鳥取ループ・示現舎裁判闘争本部長
西島　藤彦

一審の25都府県の差し止めに加え、新たに6県の差し止めが認められた。また、何よりも大きな成果は、われわれが強く主張していた「差別されない権利」が認められたことだ。われわれは大きく勝利した。

インターネット上では、この間、差別がどんどん拡大している。「全国部落調査」復刻版出版事件の裁判は2016年4月に東京地裁に提訴し、すでに7年以上が経過した。2021年9月に地裁判決が出て今回の高裁判決だ。上告審に向け、ひき続き緊張感を持ち、とりくみをすすめたい。

この間の法務省交渉や国会議員との話し合いでも、この裁判で出される判決にはかなり関心が持たれている。差別を禁止する法律がないいま、こうした差別にたいする唯一の手立ては、裁判の判例だ。今回の判例を最大限に活用し、法律に影響をおよぼしたい。

▶弁護団から山本弁護士と中井弁護士が「勝訴」「差し止め範囲大幅拡大」と掲げるなか、西島委員長の第一声を食い入るように聞く原告らと支援者ら（6月28日・東京）

「差別されない権利」を

総務省の「プラットフォームサービスに関する研究会」のワーキンググループが今後の検討の方向性をまとめ、6月末までパブリックコメント（意見募集）がされている。「プロバイダ責任制限法」は、年内か年明けごろには再改正されるのではないか。再改正は、インターネット上の差別情報に大きな影響を与えるものであり、われわれは差別情報を入口で遮断するしくみづくりを要請している。今回の判決は、法改正にも大きな役割を与えるのではないか。希望を持ちながら、ひき続き、みなさんとともに前進したい。

▼支援者らから寄せられたメッセージを一面に貼った横断幕を掲げ、笑顔を見せるABDARCメンバーら

原告代表あいさつ

中央執行副委員長
鳥取ループ・示現舎裁判闘争本部事務局長
片岡　明幸

想像していたよりも、ずっといい判決が出た。

「差別されない権利」を認めるかどうかが最大の争点だった。プライバシー権の侵害で判断したものすごく中途半端な一審判決にたいし、これはプライバシー権侵害以上に差別なんだ、被差別部落の一覧を出すことが、どんなに差別につながるかを、私たちはいろんな形で証明した。東京高裁は、基本的にそれを認めた。大きな成果だ。

東京高裁は差し止める県の範囲を増やした。全都府県を差し止めたわけでないことは残念だが、一審判決で差し止めが認められなかった三重、山口、徳島、佐賀、長崎、茨城の6県についても差し止めを認めた。

部落問題について裁判官がかなり勉強したことがよくわかる。判決文には事実認定が書かれている。栃木県行政書士戸籍等不正取得事件も書かれている。部落差別の実状を考えたとき、被告の行為はやはり許されない行為だと判断している。Mの悪質性についても、かなり厳しく書いている。

大きく前進した良い判決になった。ただし、やはり限界がある。どこが部落で、誰が部落民だ、というようなリストをさらすことは明らかな人権侵害だと書いた法律、差別を禁止する法律

をつくらない限り、このような事件を全面的に止めることはできない。その限界も明らかになった判決だ。

この裁判を足がかりに、かならず国会で差別を禁止する法律をつくろう。判決を活かし、さらにこれからの闘いをすすめたい。

弁護団報告

弁護士 指宿 昭一

部落差別の実状をかなり詳しく「認定事実」に記述し、具体的な判断に入っている。「差別されない権利」と記述しているわけではないが、中身は「差別されない権利」を認めた判決であり、大きな前進だ。

個人の尊厳、幸福追求権を保障する憲法13条と憲法14条1項の平等原則を書き、「その趣旨等に鑑みると、人は誰しも、不当な差別を受けることなく、人間としての尊厳を保ちつつ平穏な生活を送ることができる人格的な利益を有するのであって、これは法的に保護された利益であるというべきである」としている。

また、何度も出てくる「不当な扱い」という言葉には「(差別)」をつけ、「不当な扱い(差別)」としている。たんなる不当な扱いではなく差別だと強調した書き方であり、とても意義がある。

差し止めは、一審は「全国部落調査」に原告の現住所か現本籍がなければ認めなかった。東京高裁は「過去において本件地域に住所又は本籍を有していた者」「親族が本件地域に住所又は本籍を現に有し又は過去において有していた者」に拡大した。

全41都府県の差し止めを認めなかったことは残念だが、31都府県に広がった。また、残り10県についても出版などは違法であり、許しているわけではない。その県に原告や原告の親戚がいなかっただけなのだ。「差別されない権利」という枠組みだが、個人の人格権にもとづく請求だから原告のいない県に差し止めがおよばないという判決だ。これは立法で解決するしかないかという気はしている。

示現舎と被告Jの賠償責任を認めたことも前進だ。

「差別されない権利」にもとづく判断にふみ込んだ判決。われわれの思いを受け止め、不十分な点はあるが、ここまで判決を書いたことには敬意を表したい。

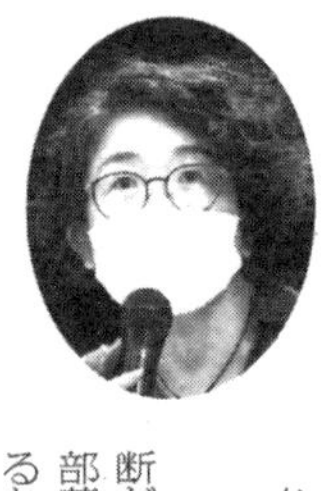

弁護士 山本 志都

「差別されない権利」がここまで言及され、認められたのは、裁判例としても初めてではないか。ひじょうに意義がある判決だ。

今回の判決で注目していた点が五つあった。

1番目は「差別されない権利」を認めて全体について差し止めを認めるのかどうか。2番目は、保護される範囲。現在の住所地、本籍地だけに限定していた考え方を広げ、差別の現実をふまえた判断がなされるかどうか。3番目は、一審はアウティングとカミングアウトを一緒にしてしまっていた。その部分について判断が変わるか。4番目は、部落解放同盟の権利を認めるか。5番目は、損害賠償の範囲が広がるかどうか。

4番目の部落解放同盟の権利は認めなかったが、それぞれについて、質的にも、範囲的にも広がった判断となった。

とくに「差別されない権利」については、差別がどういうものか、人を傷つけるものである、許されないものであるとうたったうえで、人格的な利益があると正面から認めている。ひじょうに意義がある。

ただ、「差別されない権利」があっても、個人の人格的な利益からきているので、原告がいない県の全体までには差し止めはおよぼされないという判断にはなってしまっている。

アウティング、カミングアウトの話については、「自ら積極的に本件地域の出身等であることを明らかにしているといえる者については、本件地域情報の公表により、直ちにその人格的な利益が侵害されるとはまでは認め難」いとは言っているが、プライバシー権と関連して判断されてしまった一審の枠組みとは若干変わっている。

全体として、ひじょうに格調が高い。差別について裁判所がどう向き合うか、姿勢を示している判決と言える。

弁護士　河村　健夫

弁護団声明の作成作業に追われており、一言だけ感想をのべる。勝った。よかった。なによりも原告になったみなさんに深く感謝したい。また、被告Mたちが原告に執拗に攻撃を加えてきたこともあり、なかなか原告として名乗りをあげられない状況など、さまざまな事情で原告になれなかったにしても、さまざまな形で支援していただいた方々に深くお礼申しあげたい。

31都府県について差し止めが認められた。残余の10県については原告がいないということで差し止めは認められていないが、その10県についても地名リストを発行することは違法だという判断が是認されている。

ひじょうに良い中身の筋で判決は書いてある。「差別されない権利」が認められたことは、今後さまざまな局面で、運動で、大いに活用できるのではないか。

弁護士　中井　雅人

「差別されない権利」は認められたというべきだ。うれしい。ともに喜びたい。

判決文には、プライバシー権との関係を整理しているところもある。これは、あまりにもダメだった一審を添削しているのだと思う。プライバシー権の関係との整理を見ると、われわれの言っていたことを表現として採用している。

部落解放同盟の業務遂行権については、結論は負けてしまっているが、ここでは、除外されてしまった県、原告になれなかった人たちのことを思い出したい。表裏の関係にある。そういう人たちがいるから部落解放同盟は原告になる必要があるのであり、全国のみなさんが立ちあがらないといけないという関係にある。原告になれなかった人たちがどんな思いをいだいていたか、どういう思いで原告になることができなかったか、その陳述書を控訴審でもたくさん出している。そういう一つひとつの思い、部落差別の事実が、抽象論である法律構成に響いたのではないか。判決は全部一体だ。「差別されない権利」が認められてよかったが、業務遂行権は認められなかった。差し止めから抜けてしまった県は結局、原告になることができなかった人たちのところだ。このことは司法の限界なのかと思う。上告審（最高裁）では、当然そこは主張していくところになる。

「差別されない権利」をここまで認めて全部の救済にならないところには、日本の裁判制度の限界もあるのかもしれない。立法的解決も同時にめざさないといけないのだろうと思っている。みなさんでかちとった判決だ。まだ終わりではない。これからも頑張ろう。

閉会あいさつ

中央書記長
赤井　隆史

大部分で圧倒的勝利ということで、きょうの判決を確認したい。細部の課題は今後分析したい。昨日はインターネット上の識別情報の摘示をどうするのかと法務省と交渉した。そういうとりくみを積みあげながら、とりくんでいきたい。

判決文に何度も出てくる「不当な扱い」の言葉には「(差別)」と書いてある。「差別されない権利」とは書きにくい部分を「不当な扱い(差別)」と表現している。裁判官が部落問題を真摯に勉強して判決文を書いたことがわかる。しかし、差別を禁止する法律がなく、いわゆる司法の限界。最高裁での闘いも当然強化するが、立法、法改正の闘いにも結びつけたい。

鳥取ループMのグループを許さず、「部落探訪」についても各地域から闘いを構築したい。糾弾を強め、さらには最高裁での勝利に向けて団結して頑張ろう。

国会議員あいさつ

社会民主党
参議院議員
大椿　ゆうこ

部落差別は私が差別を考える大きな原点。ともに勝利を祝えてうれしい。「差別されない権利」を認めたが、司法の限界があるのでは、という報告に、バトンが国会に投げられていると感じた。「LGBT理解増進法」が可決されてしまったように、対象のマイノリティが誰かで国会議員の姿勢が変わる現実もある。差別のない社会をつくる、「差別されない権利」を法律で定めるため、ともに頑張る。

「全国部落調査」復刻版出版事件
控訴審判決　報告集会から

全 国 2023年6月28日

原告団・弁護団声明

（「解放新聞中央版」2023年7月15日付）

「全国部落調査」復刻版出版事件裁判 控訴審 判決に原告団・弁護団が声明

6月28日の「全国部落調査」復刻版出版事件裁判の控訴審判決を受けて原告団と弁護団が出した声明を全文掲載する。

原告団・弁護団声明

1 事件の概要と判決の内容

本日、東京高等裁判所第16民事部(土田昭彦裁判長)は『全国部落調査』復刻版出版事件の控訴審判決を言い渡した。

『全国部落調査』復刻版出版事件とは、「示現舎」を名乗る出版社が、「復刻版 全国部落調査」と称して全国の被差別部落の所在地や当該被差別部落の「生活程度」などを一覧表にした書籍を出版しようとし、同書籍の電子データや「部落解放同盟関係人物一覧」など称して個人の住所や電話番号・SNSのアドレスなどのプライバシー情報を承諾なくインターネット上に開示しダウンロード可能な状態においていたことに対し、原告ら合計249名が、①「復刻版 全国部落調査」の出版の禁止や上記データ類をインターネット上から削除することを求め、②「部落解放同盟関係人物一覧」のインターネット上からのデータ削除を求め、③原告1名あたり110万円の損害賠償を求めていた事件である。

2021年9月27日の東京地裁判決は、①「復刻版 全国部落調査」の出版差止め・ネット上でのデータ配布の禁止・当該データの二次利用の禁止を認めたもののその範囲は25都府県に限定し、②「部落解放同盟関係人物一覧」については既にネットから削除済みであることなどを理由として差止めは認めず、③原告らの大部分について1人あたり5500円から4万4000円の損害賠償(賠償の総額:488万6500円)を認める判断を示していた。

これに対し、一審の原告及び一審の被告の双方から控訴がなされ、東京高等裁判所において審理が続いていた(なお、一審原告は死亡などにより判決時点で235名(うち個人原告234名)に減少している)。

本日の判決は、①「復刻版 全国部落調査」の出版差止めについて認める判断を維持した上で、差止めの範囲を一審判決の25都府県から31都府県に拡大し、②「部落解放同盟関係人物一覧」については一審判決の判断を維持し、③賠償については賠償の総額を約550万円に増額する内容であった。

2　判決の評価

高裁判決が「復刻版 全国部落調査」の差止めを認め、一審原告らに対し賠償を認める判断を維持した点は妥当である。そして、差止めの範囲について地裁判決の25都府県から31都府県に拡大した点は積極的に評価すべきである。

高裁は、事実認定の部分において各種の資料引用を大幅に増加させ、現在も残る厳しい部落差別の実情について詳しく認定した。かかる「現在も残る厳しい部落差別の実情」に関する事実認定の追加を踏まえ、地裁判決で否定していた「差別されない権利」の侵害を認めたのである。「差別されない権利」は本件の実情に最も適した権利内容であるところ、各種の裁判例に先駆けて「差別されない権利」を人格権の内容として認めた高裁判決について、原告及び弁護団は高く評価する。

なお、高裁判決は31都府県の差止めを認めているが、これは残余の10都府県について「復刻版 全国部落調査」の出版等を許したものではない。判決はかかる被差別部落の地名リストを出版すること等については違法であるとしつつ、10都府県には原告が存在しないとの理由で差止めを認めなかったのであり、被差別部落の地名リストの発行はいかなる地域を対象とするものであっても違法なのである。

判決は、権利侵害を認めた原告の範囲について、地裁判決が「現在の住所・本籍が被差別部落にある原告」としたことに対し「現在の住所・本籍、過去の住所・本籍、親族の住所・本籍、親族の過去の住所・本籍が被差別部落にある原告」にまで拡大した。身元調査が「戸籍を遡って取得し、被差別部落出身者かどうかを判断しようとする」形で行われる身元差別の実態を直視した判断であり、この点も妥当である。

また、部落差別の実情を踏まえて賠償の総額を増額した点、責任を負う者について地裁判決が一審被告のうち個人1名しか認めなかったのに対し、個人被告2名と出版社（会社）の責任を認めた点も評価すべきである。

3　原告団と弁護団の決意

以上のとおり、高裁判決は「復刻版 全国部落調査」や「部落解放同盟関係人物一覧」について、その情報の公開が部落差別を助長する違法な行為であることを認め、出版の差止め、インターネット上での情報公開の禁止、二次利用の禁止、損害賠償の全てを認めた。

特に、「差別されない権利」を人格権の内容として認め、差止めの範囲を拡大し、損害賠償を増額した判断は、高等裁判所の良識を示すものとして高く評価する。

原告団・弁護団は、本判決があらゆる反差別の戦いにおいて活用され、差別のない世の中を作ることに活用されることを望んでいる。

高裁判決が差別されない権利を認めながら全国41都府県の差止めを認めなかった点、部落解放同盟の業務遂行権の侵害を認めなかった点は不服であり、今後精査の上、上告をする予定である。

以上、声明とする。

2023年6月28日

『全国部落調査』復刻版出版事件　原告団・弁護団一同

全国　2023年6月28日

控訴審判決をふまえ上告審へ

（「解放新聞中央版」2023年8月25日付）

画期的な控訴審判決ふまえ

「全国部落調査」復刻版出版事件裁判控訴審判決を受けての片岡副委員長（鳥取ループ・示現舎裁判闘争本部事務局長）の寄稿を掲載する。

片岡　明幸（中央執行副委員長／鳥取ループ・示現舎裁判闘争本部事務局長）

1、はじめに

2016年から7年以上にわたって闘ってきた「全国部落調査」復刻版事件裁判で、東京高等裁判所第16民事部（土田昭彦・裁判長）は6月28日、一審原告のわれわれの主張を大幅に認める画期的な判決を言い渡した。判決は、一審判決（東京地裁）に続いて「全国部落調査」復刻版の出版の差し止めを認め、差し止めの範囲に新たに長崎、佐賀、徳島、山口、三重、茨城の6つの県を追加し、31都府県に拡大した。損害賠償も60万円増やして総額約552万円に増額し、事実認定においても、現在も残る厳しい部落差別の実態があることを認定した。また、争点になっていた権利侵害を受ける原告の範囲についても、戸籍をさかのぼって身元調査がおこなわれている実態を認め、範囲を拡大した。そして、一番大きな争点になっていた「差別されない権利」についても、事実上はっきりこれを認めた。

控訴審判決は、予想した以上によい判決だった。判決は部落差別の実態をかなり詳しく認定し、部落差別は許されないものであるとの立場から鳥取ループの行為を指弾した。

▼判決後には報告集会をひらき今後のとりくみを提起した（6月28日・東京）

とりくみの拡大を

インターネット空間にあふれる差別情報との闘いに立ちあがろう

「全国部落調査」復刻版出版事件裁判

2、五つの争点にたいする判断

まずは控訴審で争点になっていた5項目について、裁判所がどう判断したのかから説明していきたい。

①「差別されない権利」を認める

1点目は、「差別されない権利」を認めたことである。この裁判でわれわれはプライバシー権、名誉権のほかに「差別されない権利」があること、それが侵害されていることを強調した。「国民は法の下に平等であり、差別されない権利があるはずだ。その権利が侵害されている」――これがわれわれの主張の中心であった。これにたいして一審判決は「差別されない権利の内実は不明確」だとしてこれを認めなかった。しかし、高裁は「憲法13条は、すべて国民は個人として尊重され、生命、自由及び幸福追求に対する権利を有することを、憲法14条1項は、すべて国民は法の下に平等であることをそれぞれ定めており、その趣旨等に鑑みると、人は誰しも、不当な差別を受けることなく、人間としての尊厳を保ちつつ平穏な生活を送ることができる人格的な利益を有するのであって、これは法的に保護された利益であるというべきである」(22～23ページ)とのべ、事実上「差別されない権利」があることを認めた。

②プライバシー権の修正

2点目は、一審判決の構造上の一番大きな欠陥、すなわち問題をプライバシー権の侵害に収斂《しゅうれん》させて判断したことについて整理し、一審判決を修正したことである。控訴審判決は「仮に本件地域情報の公表によりプライバシー権又は名誉権が侵害されることがあるとしても、これは上記の人格的な利益(=差別されない権利)が侵害される場合と重複するものと認められ、プライバシー権及び名誉権はいずれも人格権に基づくものであるから、これらの権利利益は上記の人格的な利益〔＝差別されない権利〕において考慮するのが相当である」（26㌻。〔 〕は引用者注）とのべ、プライバシー権で判断した一審判決を修正、「差別されない権利」で判断するべきだと明快に示した。判決に「差別されない権利」の文言はないが、高裁は事実上この裁判はプライバシー権侵害で判断するべきではない、「差別されない権利」によって判断するべきだと一審判決を是正したのである。

③差し止め範囲の拡大

3点目は、差し止めの範囲を拡大し、6県を新たに差し止めたことだ。われわれは地名が掲載されている41都府県全部の差し止めを求めたが、一審判決は範囲を狭くとらえ、25の都府県のみを差し止め、16県を除外した。控訴審では、われわれは、その県に原告がいなくても「全国部落調査」が出版されインターネット上に公表されれば、それが身元調査の材料として悪用され、そこに関連を持つすべての関係者が被差別部落出身者と見なされ、差別されるのは同じだと主張して全部の削除を求めた。これにたいして高裁は差し止めの基準を見直し、新たに6県を差し止めに追加した。この点も評価したい。

しかし、提訴後の死亡をふくめ原告がいない、または地名リストに原告や親族の現・旧の住所・本籍がない10県を除外するという課題は残った。この点について高裁は、「一審原告〔＝部落解放同盟〕らは本件地域情報全体の削除や公表の禁止を求めるが、個人の人格的な利益に基づく請求である以上、上記の範囲を超えてこれを認めることはできない」（33㌻。〔 〕は引用者注）とその理由を説明した。裁判の前提が個人の被害救済である以上、原告がいない県まで救済することはできないというのである。

ただし、誤解のないようにしてほしい。この10県は原告がいないから差し止めを認めなかったのであり、被差別部落の地名リストの発行はいかなる地域であっても違法だという判決の内容は変わらない。除外された10県は公表してもいいということでは決してない。

④救済対象の拡大

4点目は、救済対象の原告の範囲を広げたことである。一審では、救済対象の範囲を「現住所・本籍」に限定し、範囲を制限した。しかしわれわれは控訴審で、被差別部落にルーツを持つ者が被差別部落出身と見なされて差別されると主張して、その範囲を広げるように主張した。その結果、高裁は「現在、住所・本籍を置いている」原告だけではなく、「過去に住所・本籍を置いていた」原告、さらに「親族の住所・本籍、親族の過去の住所・本籍がある」原告にまで差し止めの範囲を拡大した。これは、戸籍をさかのぼって取得し、部落出身者を調べる身元調査の実態を直視した判断であり、部落差別の系譜性を認めるべきだという、われわれの主張を受け止めた結果である。

高裁は、「本件地域の出身でなくても、本件地域での居住や本件地域に系譜を有すること等によっても生じ得るものである。そうすると、現に本件地域に住所又は本籍を有する場合はもとより、過去においてこれらを有していた場合、両親や祖父母といった親族が本件地域に住所又は本籍を現に有し又は過去において有していた場合においても、不当な扱い（差別）を受け又はそのおそれがあるものと判断するのが相当である」（24～25㌻）とした。

⑤示現舎とMJの損害賠償責任

5点目は、一審被告Mだけではなく、示現舎ともう一人の一審被告MJにも損害賠償責任を認めた点である。一審判決では、出版はMがやろうとしたもので、会社としての示現舎と社員MJは関係していないという認識からMだけに損害賠償責任を認め、示現舎とMJの損害賠償責任を認めなかった。

これにたいして高裁は、Mは示現舎の代表社員であり、「復刻版」などの書籍はいずれも示現舎が発行所となっており、また示現舎は、部落解放同盟の仮処分申立てによって「復刻版」を販売する機会を失ったとして反訴請求を提起していることなどを考えると、「不法行為は一審被告M及び一審被告示現舎が一体となって行ったものと認めるのが相当」（30ページ。M、MJは仮名）と示現舎にも賠償責任を認めた。また、MJについても、示現舎の業務執行社員であった上、Mから出版を準備していることを聞いており、公表がもたらす結果の重大性等に鑑みると、一審被告MJも「責任を負う」と認めた（30ページから抜粋）。当然の判決である。

3、部落差別の現状と深刻さの理解

以上が裁判の争点にたいする高裁の判断であるが、判決全体を通して見てみると、裁判官が部落差別の実態とその深刻さについて相当程度まで理解したうえで、前述のような判断をしていることがわかる。一口にいえば部落差別は現在も残っており、部落差別は許されないものであるという認識に立って裁判官は判断を示したことがわかる。

たとえば、「大阪府が平成17年に実施した意識調査において、多くの者が「同和地区にある物件は避けると思う」と回答し、同法（＝部落差別解消推進法）に基づき法務省人権擁護局がおこなった実態調査においても、「結婚相手や交際相手が旧同和地区の出身者であるか否か気になるか」との質問にたいし、15・7％の者が「気になる」と回答したこと、これまで戸籍謄本等の不正取得がくり返され、平成20年に戸籍法が改正されて第三者による戸籍謄本等の交付請求が制限されたものの、依然として身元調査を目的とした戸籍謄本の不正取得が絶えない」（22ページから抜粋。（　）は引用者注）とのべて差別が現在も根強く残っていることを認定した。また「同和地区の住宅物件に対する忌避意識については、回答者数3675人のうち、43・4％の人が「同和地区にある物件は避けると思う」と回答した」（20ページ）と土地差別の実態もとりあげた。

また最近のインターネットの影響についても、「インターネット上で部落差別に関する誤った情報や偏見・差別をあおる情報に接することにより、差別意識を植え付けられる可能性がないとはいえない」（19ページ）とのべ、ネットの与える影響にも言及した。

いっぽう裁判官は、「本来、人の人格的な価値はその生まれた場所や居住している場所等によって左右されるべきではないにもかかわらず、部落差別は本件地域の出身等であるという理由だけで不当な扱い（差別）を受けるものであるから、これが上記の人格的な利益を侵害するものであることは明らかである」（23ページ）とのべ、部落差別は不当だという認識を示し、そのうえで「本件地域の出身等であること及びこれを推知させる情報が公表され、一般に広く流通することは、一定の者にとっては、実際に不当な扱いを受けるに至らなくても、これに対する不安感を抱き、ときにそのおそれに怯えるなどして日常生活を送ることを余儀なくされ、これにより平穏な生活を侵害されることになるのであって、これを受忍すべき理由はない」（23ページ）とのべ、地名公表が当事者に与える精神的な影響を説明した。控訴審では多くの原告が意見書にインターネット上の部落差別情報がもたらす精神的な不安を書いたが、それを受け止めた内容になっている。

4、上告審で完全勝利を

控訴審判決は予想以上のよい判決になった。しかしそれでも「復刻版」全体が差し止められたわけではないので、決して諸手《もろて》をあげて喜ぶわけにはいかない。また、損害賠償額もわずかに増額されただけで、差別行為をした被告に社会的な責任を負わせるという立場から見ればまったく不十分だ。このため、中央本部は、原告団、弁護団と協議して最高裁に上告することにした。最高裁は憲法違反である場合にだけ審議するという原則なので、高裁の判断に大きな変化があるとは考えづらいが、決してあきらめずに全部の差し止めのために闘争を続けよう。

判決後に全国から結集した原告・支援者に報告をおこなう西島委員長、弁護団（6月28日・東京）

ところで、この裁判闘争は鳥取ループとの闘いであると同時に、ネット空間にあふれる差別情報との闘いである。最後に当面のとりくみについて提起したい。

一つは控訴審判決の宣伝である。最近、鳥取ループに触発されて真似《まね》をする人間が増えている。この模倣犯にたいする警告という意味から、被差別部落の地名リスト公表の違法性と損害賠償責任を認めた控訴審判決の内容を広範囲に宣伝しよう。

二つ目は差別禁止法の制定である。大きな成果をあげた判決であったが、司法の限界もはっきりした。「差別されない権利」を認め、部落差別の実態と深刻さを認め、地名リスト公表が深刻な被害につながることを認めながら、それでも裁判に立ちあがる原告のいない県は差し止めない。やはりどうしても差別を禁止する法律が必要である。

三つ目は、「部落探訪」削除の闘いである。鳥取ループにたいする第2弾の闘いに、力を合わせて立ちあがろう。

四つ目は、自治体交渉である。現在、全国の自治体では、ネット上の差別情報削除のとりくみ（モニタリング）や首長による削除要請行動、差別禁止条例の制定などがすすめられているが、判決をふまえてさらに拡大していこう。

五つ目は、ネット事業者4団体との交渉である。判決をふまえて差別情報を削除するようネット4団体に交渉しよう。

そして最後に、教育・啓発の推進である。判決でもネットの影響が指摘されているが、企業、労組、各種団体での部落問題・人権研修、とりわけ影響を受けやすい未成年を対象とする学校教育で同和教育を再構築するよう働きかけよう。

全　国　2023年7月29日

控訴審判決報告

（「解放新聞中央版」2023年8月25日付）

歴史的に大きな意義のある判決 運動のいっそうの前進に活用を

『全国部落調査』復刻版出版事件 控訴審判決報告神奈川集会から

『全国部落調査』復刻版出版事件の控訴審判決報告神奈川集会（7月29日・川崎市）でのあいさつや弁護団報告などを要約し、掲載する。

弁護団報告

弁護士　指宿　昭一

控訴審判決は、憲法13条と14条1項の「趣旨等に鑑みると、人は誰しも、不当な差別を受けることなく、人間としての尊厳を保ちつつ平穏な生活を送ることができる人格的な利益を有するのであって、これは法的に保護された利益であるというべきである」と認めた。そして「差し止め」という強い効果まで認めた。「差別されない権利」とは書いていないが、「差別されない権利」を認めた判決だ。

一審判決の不当性は誰の目にも明らかであり、控訴審の裁判官は、妥当な結論を導くにはプライバシーや名誉権侵害では限界があり、「差別されない権利」を認める必要があると考えたと思う。弁護団提出書面や原告らの陳述書を読み、部落差別の歴史と現状など格調高く記述し、「差別されない権利」を認めて差し止めの範囲を拡張した。

従来の法律学・憲法学の「差別」の概念を覆す判決だ。判決が認めた「差別」は、従来の「（不合理な）別異取り扱い」という定義をこえて、嫌悪感や偏見にもとづく排除や攻撃であり、人格権を侵害するものだ。人は、嫌悪感や偏見にもとづく排除や攻撃、そしてこれを助長する行為をされない「差別されない権利」を持っている。

闘いに使える判決だ。差別する人、差別を許容する社会にたいし、私たちには憲法にもとづく「差別されない権利」がある。差別を助長する書籍やインターネット記事、アウティング、ヘイトスピーチを差し止める根拠になる。法律学の「差別」の意味を組み換える契機になる。大衆運動で使い、法廷で使い、部落差別禁止法や包括的差別禁止法の立法闘争にも活用しよう。

弁護士
山本　志都

判決は、なるほどと思えるところが多く、胸が熱くなる。私たちの立証をていねいに取りあげ、憲法13条の幸福追求権と憲法14条1項の「趣旨に鑑み」、「差別されない権利」を認めた画期的な判決だ。部落差別が人格的な利益を侵害することは明らかだとし、「加えて」、差別の本質、被害者の大きな損害、現在の特質の3点を指摘し、それら「情報が公表され、一般に広く流通すること」は、「これに対する不安感を抱き、ときにそのおそれに怯えるなど」、「平穏な生活を侵害されることになる」と、リスト公開は許されないと論じた。判決の白眉といえる。

この結論を導くため判決は、部落差別の実状、それが許されないことを加筆、各権利侵害の関係を整理した。「全国部落調査」は「差別されない権利」で差し止め、損害賠償を認めた。「解放同盟関係人物一覧」は、個人情報という意味でプライバシー権だと整理。差し止め範囲は、「個人の人格的な利益に基づく請求」だから、全体の削除までは広げられないとした。

東京高裁判決であり、今後さまざまな裁判に大きな影響を与えるだろう。

差し止め範囲を、過去の住所・本籍や親族の住所・本籍が記載されている場合にも広げた。差別の根拠は現住所・本籍に限らない。過去の住所・本籍や祖父母の関係も重視される。差別する側の主観で広がりも狭まりもする、「みなされる差別」の考え方と整合する。

非公開の内部資料に、現地名も付記した「全国部落調査」は、地名リストであるという特質に言及した。

全部差し止め、部落解放同盟の権利者性などを争点に、最高裁に舞台が移る。

原告代表報告

中央執行副委員長
鳥取ループ・示現舎裁判闘争本部事務局長
片岡　明幸

6月28日、法廷で読みあげられた判決はほとんどわからなかったが、控え室で大急ぎで読み、素人の私でも良い判決だと思った。

一審判決は、41都府県中の25都府県しか差し止めを認めず、16県を認めない、部落問題を理解しない中途半端な判決だった。控訴審では、三つを強調し、弁護団に要請した。

一つめに、部落差別の実態を伝えるために出した原告の体験談、意見書でも、結婚差別の例がひじょうに多い。二つめに、地名リストの公表自体が部落差別の拡大、助長になること。ハンセン病元患者、LGBTQのリストなどをさらせば、ひどい人権侵害だと誰しも非難するだろう。部落問題の場合は地名で、身元調査がくり返されてきた。川崎市内の興信所が三重県の行政書士と組んで戸籍不正取得、身元調査をした事件では、結婚相手が部落出身かどうかの身元調査が半数だったと明言した。身元調査事件の例をいろいろ出した。三つめに、裁判官にとくに訴えたかったのは、Mの悪質性。東京法務局の説示、法務省「依命通知」…など、彼はことごとく無視、『部落地名総鑑の原典』として出版しようとした。

最高裁の闘い以外にも宿題がある。▽模倣犯抑止のためにも判決の宣伝を▽「部落探訪」にたいする第2弾の裁判闘争を▽どこが部落か、誰が部落出身かの公表自体を違法とし、罰する法律を▽自治体に差別禁止条例制定などを▽インターネット4事業団体に契約約款にもとづく削除要請を。

主催者あいさつ

中央書記長
赤井　隆史

全国の仲間が、示現舎の地元の川崎市に一堂に会しての、控訴審判決報告集会だ。東京高裁は6月28日、「差別されない権利」を認める判決を出した。歴史的に大きな意義がある判決だ。差別を禁止し加害者を規制する法律がなく、被害者が救済されない現状にたいし、裁判所としては精いっぱいの判決だったと思う。しかし、まだまだ課題もある。完全勝利をめざし、とりくみを強めよう。

被告らは、いまインターネットの有料サイト「部落探訪」で被差別部落をさらしている。これにたいし、第2弾、第3弾の裁判にふみ込みたい。しかし、司法の限界がある。今後の闘いで立法府−国会での法律制定にはずみをつけねばならない。2016年以降、「部落差別解消推進法」など、個々のマイノリティについての宣言法的な法律が制定されてきた。しかし、2016年以前には「人権擁護法案」「人権侵害救済法案」「人権委員会設置法案」と、人権と名のつく法案が3度、審議未了で廃案になっている。いまだに人権と名のつく法律が実現していない。判決の成果を訴え、また、各自治体の「条例」を積みあげ、包括的な差別禁止法の制定を実現しよう。

神奈川県連
委員長
根本　信一

画期的な控訴審判決の、川崎の地での勝利集会。県連の運動にも大きなバネになる。控訴審判決の「差別されない権利」を日本に住んでいるすべての人に押し広げる。その展望を拓こう。

県内では、川崎市が罰則つきの「人権条例」を制定し、相模原市も画期的な「人権条例」の制定へ審議会の答申が出されている。県内のさまざまなマイノリティの協働の力で、相模原市がどういう「人権条例」をつくるか。大きな勝負だ。

「条例」制定は、神奈川の反差別・人権運動の大きな力になる。今後、神奈川の地では、川崎市に続いて相模原市、県、横浜市、他市町村で、すべての人に「差別されない権利」を認める罰則付きの「人権条例」をつくることが部落解放同盟にとっても、大きな任務だ。全国のみなさんに注目していただき、神奈川の地で、さまざまな人たちと協働して闘いたい。

連帯あいさつ

部落解放神奈川県
共闘会議議長
石村　卓也

各地区共闘会議とともに県内の労働組合、民主団体と部落解放同盟の共闘組織として、部落差別をはじめあらゆる差別撤廃と、人権、平和の確立へ活動している。画期的な東京高裁判決を追い風に判決の翌6月29日、連合神奈川とともに、神奈川労働局に公正採用の実効性を求めて申し入れた。制定50年の「全国高等学校統一応募用紙」使用を義務づける指導徹底、公正採用選考人権啓発推進員の設置状況確認と、50人以上の事業主への設置拡大を中心に申し入れた。高校現場の実例も交え、多くの事業所で理解が不十分と伝えた。継続してとりくむ。

2019年12月に成立し

た「川崎市差別のない人権尊重のまちづくり条例」は、すべての市民が民族、性別、出身、障害などの不当な差別を受けることなく、個人として尊重され、生き生きと暮らせる人権尊重のまちづくりを推進するもの。罰則規定を盛り込んだ、実効性ある差別根絶条例であり全国的に注目されている。しかし、この「条例」でもインターネットによる差別の防止は大きな課題だ。

「条例」が横浜市、神奈川県、全国の自治体に大きく広がり、国が実効性ある対策を講じるよう強く願う。

神奈川人権センター
事務局長
大沢　朝美

復刻版を出版しようとするのは、需要がある−身元調査に使う人々がいるから。身元調査は差別だという認識が社会に定着していない。差別糾弾とともに、運動の質の強化が必要だ。

人権センターは毎年、県内全自治体に人権政策の要請と提言をしている。重点は反差別の視点をもつ「人権条例」制定だ。相模原市の審議会は3月に答申を提出し、市長は年度内の制定を明言している。県内外の自治体の人権政策に大きな影響をあたえる「条例」になると確信する。神奈川人権センターは今後、答申の尊重を前提に、条例案につぎの内容の明記を求める。

▽あらゆる差別、人権侵害を禁止し、被害者救済に全力を尽くす▽津久井やまゆり園事件をヘイトクライムと位置づける▽独立した人権委の設置▽人権委員はジェンダー、多様性に配慮▽差別への対処では必要に応じて市長が声明を発表▽ヘイトスピーチの規制対象を広げ、人種、民族、国籍、障害、性的指向、性自認、出身に▽悪質なヘイトスピーチは罰則で対処▽罰則は刑事罰。ぜひ一緒に要請を。

復刻版裁判完全勝利と、部落解放、反差別・人権運動の前進へ力を合わせる。

開会あいさつ

神奈川県連
川崎支部長
土谷　哲明

勝利判決の報告集会を、糾弾すべき示現舎がある川崎市で開催でき、うれしい。1974年に県連結成大会をひらいた市。在日コリアンの差別撤廃運動の拠点でもある。「差別のない人権尊重のまちづくり条例」も制定され、ヘイトスピーチを許さない「かわさき市民ネットワーク」も活動されている。自治労川崎市職労に集会開催への多くの協力を受けたことも紹介する。

閉会あいさつ

中央執行副委員長
坂本　三郎

差別の実態が全国各地にある。けっして今回の判決で認められた31都府県だけではない。全国41都府県すべてを認めさせる闘いをしていかなければいけない。

さらに、「差別されない権利」をはじめとした、われわれの勝利を訴えよう。ぜひこの集会を機に、各地で声を大にして、行政や、解放共闘、人権センター、多くの働く仲間にも訴えながら、さらに闘いを巻き起こそう。そして、あの示現舎のMとJを徹底糾弾していくことを確認しよう。

「全国部落調査」復刻版・控訴審勝利に向けて㊤

（「解放新聞中央版」2022年7月25日付）

控訴審勝利に向けて ㊤

鳥取ループ・Mの控訴理由書批判

「全国部落調査」復刻版出版事件裁判の控訴審（東京高裁）での勝利に向けて、原告団長である片岡明幸・副委員長（鳥取ループ・示現舎裁判闘争本部事務局長）による「鳥取ループ・Mの控訴理由書批判」を2回にわけて掲載する。完全勝利への闘いをすすめよう。

原告団長　片岡　明幸

はじめに

鳥取ループ・示現舎を相手にした「全国部落調査」復刻版出版事件裁判の東京地裁判決が昨年9月27日に出されたが、判決は16の県を差し止めから除外するなど中途半端なものとなった。このため原告団および部落解放同盟は東京高裁に控訴したが、第1回目の口頭弁論が8月3日にひらかれることになった。いっぽう、被告の鳥取ループ・Mも地裁判決に納得せず控訴し、控訴理由書を提出した。そこではMは負けた悔しさから判決にたいしてぐだぐだ不満をのべながら、あいかわらず「全国部落調査」出版を正当化する独りよがりな主張をくり返した。東京高裁がMの主張を受け入れるとは思わないが、裁判官の部落問題にたいする認識には相当の深浅があり、裁判官がかならず部落問題を十分理解しているとは言い難い。それであらためてMの主張はどこが間違っているのか、きちんと批判しておきたい。もっともMの控訴理由書には、自分の主張を理解していた中村裁判長が部落解放同盟の圧力により交代させられたのは憲法違反だ、などの荒唐無稽な主張が多いので、その全部をいちいち批判することはしない。ここではこのあとの控訴審で争点になると思われる3点に絞って批判を加えていきたい。

◀東京地裁判決後の記者会見にのぞむ片岡副委員長（左端）（2021年９月27日・東京）

「全国部落調査」復刻版・

(1)戸籍の機能の無視

　まず第1点目は、戸籍や住民票等を使って身元調査がなされている現実を否定し、「戸籍では部落出身者を判断できない」と問題をすり替えている点である。

　東京地裁の判決は、戸籍などを使って部落出身の身元調査がおこなわれている事実を認定したうえで、「全国部落調査」に住所や本籍がある原告のプライバシー侵害を認めたのであるが、Mは控訴理由書でこの点に噛みついている。すなわち、「原判決では、過去に戸籍で部落出身が調査されたことが事実というが、具体的にどのような調査をし、何を基準に部落出身者を判断したのか示されていない」（7ページ）とか、「事実として現行戸籍に記載された住所や本籍地は個人の人格や近世の身分とも無関係なのは明らかであるし、具体的に住所や本籍地を基準に部落差別がなされているという根拠もない」（8ページ）とのべ、戸籍では部落出身者を判断できないとくり返している。

　もちろん戸籍には部落出身であることを示すような情報は記載されていない。

「明治」5年の「壬申戸籍」には「元えた」「新平民」などの記載はあるが、「壬申戸籍」は封印されているので現在一般的な国民が閲覧できる戸籍に部落出身を識別するような情報が記載されていないことは事実だ。もしあったら大変なことだ。したがって戸籍の記載事項で部落出身者は判断できないというのはその通りである。

　それでは戸籍は部落出身者の身元調査と何の関係もないのかといえば、まったく違う。戸籍が部落出身者を洗い出す〝ツール〟（道具・手段）として機能しているのであり、戸籍こそが部落リストから部落出身を割り出す〝切り札〟なのである。具体的には、身元調査の依頼を受けた興信所や探偵社は、行政書士などに依頼して戸籍等を手に入れ、調査対象者やその親、または親族の出生地や住所、本籍を調べる。そのうえで、それらの戸籍情報と「全国部落調査」等の部落

▶東京地裁前に集まった支援者に、弁護団から判決の内容などを報告した（2021年9月27日・東京）

東京地裁判決当日の報告集会（2021年９月27日・東京）

リストに記載されている地区とのつながりを照合し、関わりが見つかれば調査対象者は部落出身であると判断して依頼者に報告する――これが身元調査の実態である。だからこそ部落出身者の身元調査をおこなおうとする興信所や探偵社は、行政書士や司法書士などに金を渡して不正に戸籍を入手するのである。逆に言えば、戸籍がなければ部落出身者を「調査できない」のである。

昨年も栃木県の行政書士による戸籍の大量不正取得事件が摘発された。この事件は結婚相手の身元を調べるために興信所に調査を依頼していたことがたまたま露見した事件だが、その後、全国の興信所・探偵社が栃木県の行政書士に戸籍・住民票の取得を依頼している実態が浮き彫りになった。事件は現在、真相究明中であるが、その行政書士は全国55の興信所・探偵社から依頼を受け、47都道府県から3500件の戸籍等の不正取得をおこない、9000万円の不当利得を得ている。問題はそのかなりの部分が部落出身かどうかの身元調査の依頼だと推測されることである。

ここでのポイントは、依頼者や依頼を受けた興信所・探偵社が、戸籍の〝記載事項〟で部落民を調べようとしているのではなく、戸籍の情報をたどって〝部落リストとの関わり〟を調べていることである。Mは、もっとも重要なこの点を都合よく棚に上げ、戸籍の記載事項を調べても部落出身者はわからないと問題をすり替えている。もう一度いうが、興信所や探偵社は戸籍から部落出身者を割り出そうとしているわけではない。実際それはできない。そうではなくて戸籍から部落リストとの関わりを調べているのである。だからこそ戸籍の不正取得が問題なのであり、Mの「全国部落調査・復刻版」が問題なのである。

(2)「全国部落調査」の性格・機能の無視

2点目は、「全国部落調査」が被差別部落の地名リストであり、身元調査の材料として悪用されるというリストの性格、機能を無視して、たんなる地名のリストだと問題をすり替えている点である。

地裁判決は「ある個人の住所又は本籍が本件地域内にあることが他者に知られると、当該個人は被差別部落出身者として結婚、就職等の場面において差別を受けたり、誹謗中傷を受けたりするおそれがあることが容易に推認される。」（判決26ﾍﾟｰ）としてプライバシー権の侵害を認めた。（注1）

これにたいしてMは控訴理由書で「地名は個人情報ではないのだからプライバシーの侵害に当たらない」と噛みつく。すなわち「地域一覧には被控訴人らを特定する情報は一切掲載されていない」（9ﾍﾟｰ）、「（地名一覧が）個人のプライバシーに属するという成文法も判例も存在せず」（9ﾍﾟｰ）など。

この点も控訴審の争点の一つになると思われる。ここでも問題は、Mが肝心のことをすり替えていることだ。肝心のこととは、具体的に「全国部落調査」が「被差別部落の地名リスト」であることを隠ぺいし、「単なる地名のリスト」にすり替えていることである。

Mは、「（地名が）その地域に住所や本籍を置く住民のプライバシーだと判断されるのであれば、地理学、地誌学、歴史学の類の学問は成り立たない」（10ﾍﾟｰ）といい、地名は日本中どこにもあるものだから、地名を公表することがプライバシーの侵害などにはならないという。また、「全国部落調査」はたんなる地名の羅列であって、個人の名前も情報も出ていないのだからそれがプライバシーの侵害になることはないという。

一般論としてはそうだ。しかし、そもそもこのリストは何の地名のリストであるのか、彼はリストの中身というか性格や機能を故意に無視している。もちろんこのリストは何の特徴や共通点もない地名のリストではない。ましてや有名な高級住宅街や観光スポットの地名ではない。被差別部落の地名リストである。歴史的社会的に一般社会から区別され、除外され、差別的な取り扱いを受けてきた地域の一覧であり、多くの国民が自分たちとは違う種類の人たちが住んでいる地域だと見なして忌避してきた地域のリストなのである。

その公表が「自分たちとは違う、特別な人たちが住む地域」という差別意識を喚起するところのリストである。Mは、リストのこの性格、機能を棚に上げ、たんなる地名のリストだと問題をすり替えている。

別の角度で見れば、被差別部落の地名リストは、たとえばハンセン病患者のリストと同じ性格のリストである、といえる。ハンセン病の患者リストを公表すれば、それが偏見と結びついて重大な人権侵害につながることは誰でもわかる。それにたいして部落のリストは、たしかに地名のリストである。だからプライバシーの侵害はないとMはいうのであるが、このリストは記載されている地域に住むすべての住民が部落出身者と見なされて差別の対象として扱われるリストなのである。いや、それだけではなく、そこに住んでいなくても過去に住んでいたとか親せきが住んでいるというだけで差別や忌避の対象として扱われる、そういう機能を持つリストである。そういう意味でハンセン病の患者リストや性的少数者の氏名リストと同じく〝人〟が対象となるリストなのである。Mはこの一番重要な部落リストの性格・機能を隠ぺいし、たんなる地名一覧にすり替え、被害はないかのように強弁する。

（注1）ただし、判決は「地域一覧の公開は、個人原告らのうち、その住所又は本籍が本件地域一覧に本件地域として記載された地域に属する者」として、住所や本籍が部落リストにない人のプライバシー侵害を認めなかった。

（つづく）

全国　2022年8月5日

「全国部落調査」復刻版・控訴審勝利に向けて㊦

（「解放新聞中央版」2022年8月5日付）

控訴審勝利に向けて ㊦

鳥取ループ・Mの控訴理由書批判

「全国部落調査」復刻版出版事件裁判の控訴審（東京高裁）での勝利に向けて、原告団長である片岡明幸・副委員長（鳥取ループ・示現舎裁判闘争本部事務局長）による「鳥取ループ・Mの控訴理由書批判」㊦を掲載する。完全勝利への闘いをすすめよう。

(3)部落差別の現実の無視

原告団長　片岡　明幸

第3点目は、部落差別の実態、つまり部落に住んでいる、住んでいたなど、何らかの関わりをもっている人が部落出身者と〝見なされて差別される〟という差別の現実をまったく無視していることである。

地裁判決はプライバシーの侵害を認めたうえで、「地域一覧を公開する行為は、……地域内に住所又は本籍がある個人について……（部落出身者であることを）公表する行為と同視することができる」（判決28㌻）と判断した。リストの地名に住所や本籍を置いている人は部落出身者だとみられるという判断である。

これにたいしてMは「被控訴人らの住所や本籍が本件地域にあるかどうかで機械的に権利侵害の有無を判断した」（11㌻）とか、「部落差別において、だれが差別対象になるかは明確でなく、少なくとも本件地域に住所または本籍があることをもって部落出身とは判断できないことである」（11㌻）などとのべ、判決を否定している。これも控訴審の争点の一つになると思われるから、はっきりさせておきたい。

ここでは結論を先にいっておこう。「住所または本籍がある」だけで部落出身と判断することはできない。しかし、「住所または本籍がある」ことによって、その人が部落出身者と〝見なされ〟て差別の対象となる、あるいは住所や本籍がなくても、家族や親戚が住んでいる場合なども部落出身者と見なされて差別される。だから〝見なす〟材料となる「全国部落調査」の出版は差別だというのである。この〝見なされて差別される〟という差別の現実をMは抹殺している。

実はこの点では裁判官も同じ間違いを犯している。判決も、住所や本籍を置いている人だけにプライバシー侵害を認め、過去に住所・本籍を置いていた人や、親族が住んでいる、もしくは住んでいた人を除外して

「全国部落調査」復刻版・

▶「全国部落調査」復刻版出版事件裁判の控訴審（東京高裁）での勝利に向けて、部落解放同盟など原告側も控訴理由書を提出し、報告集会をおこなった（3月24日・東京）

おり、部落差別の現実を理解していない。そのうえでMは、「住所または本籍があることをもって部落出身とは判断できない」といい、「全国部落調査」は被害を生まないと話をすり替えるのである。

部落民の定義へのすり替え

この問題に関連して、Mはこれまでさかんに部落民の定義や部落の定義をもち出し、「だれが部落民か特定できない」とか、「どこが部落かは特定できない」などとくり返してきた。彼は「部落民とは、江戸時代にえた・ひにんであったものの子孫でなければならない」と勝手に決めつけ、原告のだれ一人も部落民であることを証明していないとか、部落出身者はだれだかわからなくなっているとか勝手なことをいっている。

また「部落とは江戸時代のえた・ひにんの住んでいたところ以外にあり得ない」などと決めつけ、原告らは利権のために「えた・ひにん」の部落でないところまで部落だといっているとのべ、挙句の果てはM・ラムザイヤーをもち出して、部落民は全国水平社がねつ造したものだなどとのべている。そのうえで、だれが部落民か証明できない、どこが部落だか特定できないのだから部落リストの公表によって被害はないし、公表してもいいのだと問題をすり替える。

部落や部落民をどう定義するかについて議論することは無駄といわないが、それがこの裁判で争われている問題ではない。そもそもこの裁判は部落民を定義する裁判ではないし、被差別部落を定義する裁判でもない。この裁判は、部落リストが身元調査の材料として悪用されるから出版を禁止し、ネットから削除しろという裁判である。それがこの訴訟の本題である。本題は実にシンプルである。ところがMは、この単純な本題に目をつぶり、問題を部落民の証明にすり替えている。

いま定義することが本題ではないといったけれども、やはり無視もできないので、ひとこといっておきたい。

「部落民」の定義について

知っての通り、部落差別は江戸時代の身分制度に起源をもっている。現在「部落」とよばれる地区の大半は江戸時代の「えた・ひにん」が居住していた地区であり、また系譜的にたどれば部落に住んでいる住民の多くは江戸時代の「えた・ひにん」につながっている。しかし、「明治」以降の近代化のなかで人口の流動化がおき、部落から出て行った人もいれば、外部から部落に入ってきて住み着いた人もいる。そのため現在の部落はさまざまな人が混住して生活している。もちろんかなりの人は、系譜をたどれば江戸時代の「えた・ひにん」の子孫であるが、「えた・ひにん」の子孫でない人も住んでいる。ところで部落差別の現実という観点からみた場合、厳密に系譜的に先祖が「えた・ひにん」とよばれた人々の子孫でなくても、部落に住んでいることによって、あるいはルーツをもっていることで差別の対象になっているのが実態である。実際、大阪府の調査などを見ればよくわかる。国民の多くは、部落とよばれている地域に住んでいる、または住んだことがある、親戚が住んでいるということをメルクマール（指標）として部落出身者だと見なしており、現に住んでいようがいまいがルーツをもっているだけで部落出身者とみている。また部落出身者を忌避、排除しようとする人は、相手が系譜的に江戸時代からの「えた・ひにん」の末裔であるかどうかを厳密に調査したうえで忌避、排除しているわけではない。過去の事例をみると部落に何らかの関わりがあるとみれば忌避しており、系譜の確認は厳密でなくてもよい。つまるところ、部落差別とは、差別する側が地区や戸籍や噂を根拠にして、関わりをもっている人を部落民と見なしておこなう差別的な行為であって、差別される側に何らかの差別される理由や属性のちがいがあるわけではないのである。

「部落民」の自称について

ではなぜわれわれ自身、「部落民」などというのだ、という質問が出る。Mも何度もそれを指摘している。ことのついでに簡単に説明する。もちろんわれわれは人種、民族が違うわけではないし、言語や宗教が違うわけではない。差別されたなかで独自にはぐくまれた誇らしい文化や伝統があるけれども、日本の文化とは特別に違うというものではない。みずから部落民といってはいるが、だれも日本人と違っていると考えていない。もともと「部落民」は外部から与えられた名称であり、差別し排除し忌避しようとする人が与えた「烙印」である。

ではなぜみずから部落民だと自称するのか。われわれが部落民と自称するのには二つの立場が存在している。ひとつは外部から「部落民だ」と見なされ、扱われているから仕方なくみずからも「部落民」と自称する。これは受動的な自称ということができるだろう。平たくいえば自分では何も違っていると思わないが、まわりが「部落民」「部落民」というから、「そういうように見なされている存在である」という意味での自称である。

しかし、自称にはもう一つ能動的な立場が存在している。すなわち、われわれは長いあいだ不当な扱いを受けてきたが、いまその名誉と誇りを取り戻し、人間としての尊厳を回復するために受難者の境遇であることを卑下せず、むしろ積極的に引き受け、差別のない社会を実現するために運動する。それがみずからに与えられた歴史的な使命であり、そういう使命を担う集団として「部落民」だと自称する。この場合は、さきの受動的な自己規定にたいして能動的な自己規定ということになるが、「部落民」であることを卑下せず、誇りをもって自称するといえばわかりいいかもしれない。少し理屈っぽくなったが、何か属性がちがうから部落民と自称しているのではない。人を差別しても痛みを感じないような社会に光をあて、差別のない社会をつくるために、あえて部落民だと自称しているにすぎない。少し横道にそれたが、裁判官に部落問題を理解してもらうためにつけ足した次第である。

(4) おわりに

この裁判とは別に、Mは「部落探訪」と称して全国の部落に潜入し、そこの情報を動画などでネットにさらしている。その数は2022年6月現在、270か所におよぶ。これにたいしていま全国各地で市長等自治体の首長の抗議がはじまっている。長野、新潟、香川などから自治体の首長が地元の地方法務局に出向いて直接Mの「部落探訪」を削除するよう要請している。いっぽう、Mの「全国部落調査」や「部落探訪」に触発されて各地で面白半分に差別動画を掲載する模倣犯が出てきた。このうち「秋蛇星」を名乗る人物によって動画が掲載された兵庫県の丹波篠山市長は、市長名で削除を求める仮処分を申し立て、最終的に動画を削除した。いま全国でこのような動きが広がっており、いずれ差別動画の掲載を規制する法律が整備されることになると思う。また、われわれも差別動画や部落リストを規制する法律の制定に向けて運動をすすめていかなければならない。しかし、その法律ができるまで待っているわけにはいかない。判決が一日延びれば、その分だけ差別が拡散する。2019年の法務省の部落差別に関するインターネットの部落差別情報に関する実態調査でも、大勢が鳥取ループの差別情報をみていることがわかっている。だから一日も早く東京高裁で「全国部落調査」の出版禁止とネット削除の判決をかちとらなければならない。

その控訴審が8月3日からはじまる。部落解放同盟中央本部はあらためて全国の原告のみなさん、また同盟員のみなさん、支援者のみなさんにこの裁判への支援を訴えたい。（おわり）

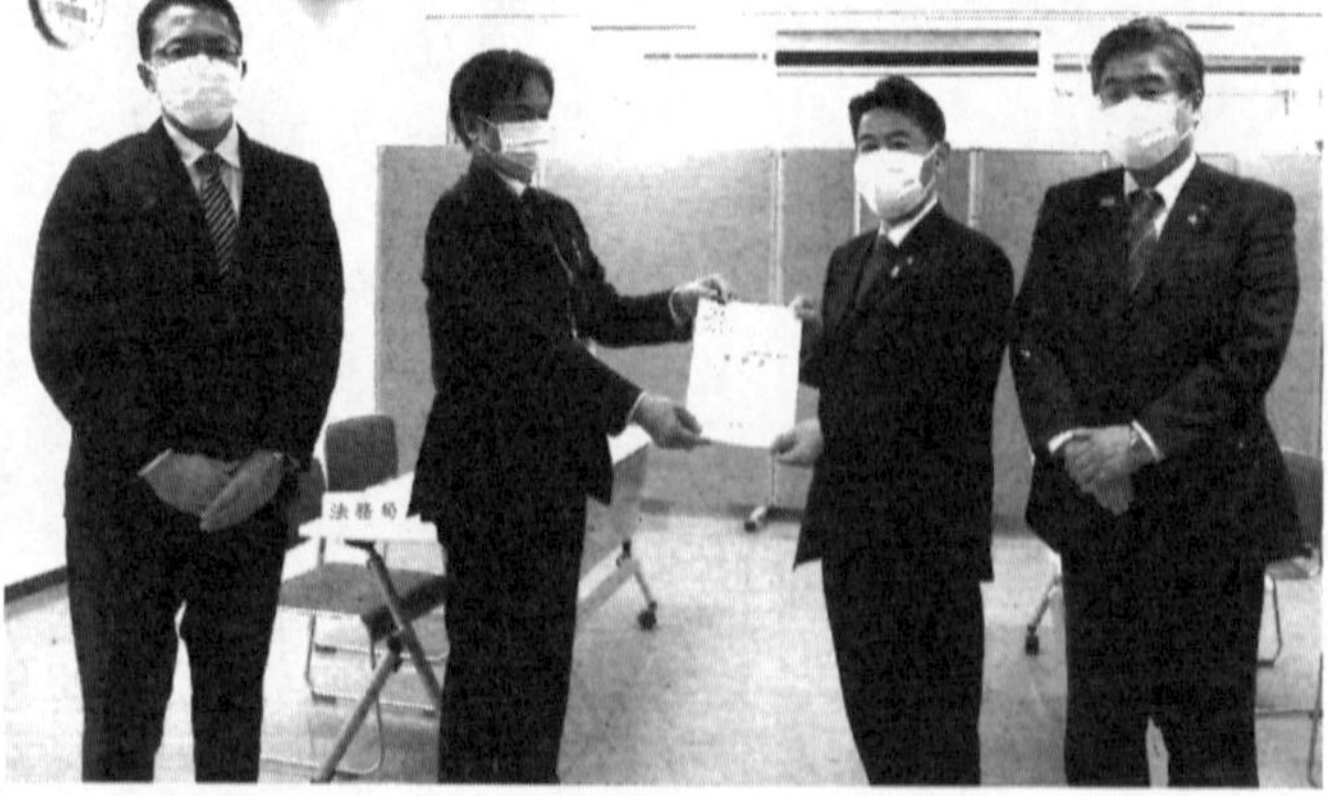

▶インターネット上の差別動画の削除を求め、小諸市長（右端）と佐久市長（右から2番目）が長野地方法務局佐久支局を訪れ、要請行動をおこなった（2021年12月13日・長野県佐久市）

全 国　2022年10月27日

控訴審の闘いにむけて

（「解放新聞中央版」2022年11月15日付）

勝利と国内人権委を

特別アピール
「鳥取ループ・示現舎裁判控訴審の闘いにむけて」

部落解放同盟
中央執行副委員長
片岡　明幸

2016年、鳥取ループ・示現舎が表現の自由を主張、「全国部落調査」復刻版出版を企てたのにたいし、仮処分申請し、勝訴。235人の原告が本訴を申し立てる。昨年9月27日に判決が出た裁判の控訴審は2回の口頭弁論で結審の見込み。

昨年の地裁判決は①「全国部落調査」復刻版のうち25都府県について、出版、販売、頒布してはならない②ウェブ版「全国部落調査」画像ファイルの25都府県について削除せよ③ウェブの25府県について、ウェブ掲載、出版、放送、映像化など一切の方法で公表してはならない④原告219人に計488万円支払え。評価できるのは①部落の一覧表の公開はどの都府県でも違法と認定②損害賠償を認定③差し止めも認定④地名公表で部落差別を受ける恐れがあると認定⑤差し止めで研究や表現の自由が制限されるとはいえないと認定した点。

問題は①原告がいないか、地名一覧に現住所・現本籍のある原告がいない16県の差し止めを認めず②「プライバシー権」を狭く判断③名乗り（カミングアウト）と

対「鳥取ループ」控訴審

包括的な人権救済制度の確立と鳥取ループ・示現舎裁判の勝利へ団結を固めた（10月27日・東京）

晒《さら》し（アウティング）の違いを理解せず④裁判の本題が「部落差別」であることを理解せず、という点。部落の地名一覧を出すことは、ただの地名リスト公表ではなく、他の地域とは異なる人が住む地域との意識を喚起し、植えつける。①裁判の支援拡大②地方法務局への「全国部落調査」「復刻版」の削除要請③差別禁止法の制定④民間ネット事業4団体への要請⑤同和教育・啓発の推進⑥「部落探訪」の削除の詳細は割愛する。法制度を求める前提として、裁判に勝たねばならない。11月17日15時から東京高裁での第2回口頭弁論、16時から報告集会への結集、裁判への支援を改めて訴えたい。

全　国　2023年1月1日

復刻版裁判の課題と展望

（「解放新聞中央版」2023年1月1日付）

復刻版裁判の課題と展望

2023 新年号

片岡委員長に聞く

片岡明幸（部落解放同盟埼玉県連委員長）

（聞き手）解放新聞埼玉支局

「全国部落調査」裁判の現状

――東京高裁の控訴審はどこまで進んだのでしょうか。

片岡　昨年8月3日に東京高裁で第1回目の口頭弁論が開かれ、11月17日に第2回目の口頭弁論がおこなわれることになっていました。ところが一審被告が新型コロナウイルスに感染して出廷できないので中止するという連絡が二日前に裁判所からあって中止になりました。一審被告の宮部は、弁護士を頼まず自分一人で裁判をやっているので、裁判が成り立たないという理由からでした。全国から裁判に参加する予定だった原告や傍聴者は大混乱です。九州や四国の人は、航空券を予約していましたから。ところがですよ、彼は10日後の11月27日には、狭山市に行って、取材と称して石川一雄さんの家を訪問しています。石川さんは断りましたが、コロナで裁判を中止しておいて、10日後には狭山の石川さんの家に押しかけているというのは、まったくふざけた行為です。コロナ感染も怪しいものです。

一審被告の論点すり替え

――一審被告は何を主張しているのですか。

片岡　代表的な主張を二つだけ挙げておきます。1点目は、「全国部落調査」が被差別部落の地名リストであり、身元調査の材料として悪用されるというリストの性格、機能を隠蔽して、単なる地名のリストだと問題をすり替えている点です。

東京地裁は、部落リストに住所や本籍があると「被差別部落出身者として結婚、就職等の場面において差別を受けたり、誹謗中傷を受けたりするおそれがある」と判示したのですが、被告宮部は、「リストは単なる地名の羅列であって、個人の名前も情報も出ていないのだからプライバシーの侵害にならない」と噛みついています。しかし、このリストは有名な高級住宅街や観光スポットのリストではありません。被差別部落の地名リストです。歴史的社会的に一般社会から区別され、差別的な取り扱いを受けてきた地域の一覧であり、多くの国民が自分たちとは違う種類の人たちが住んでいる地域だと見なして忌避してきた地域のリストです。その公表が「自分たちとは違う、特別な人たちが住む地域」という差別意識を喚起するところのリストです。リストのこの性格、機能を一審被告は棚に上げ、単なる部落リストだと問題をすり替えています。

――もう一つのすり替えとはなんですか。

片岡　2点目は、部落差別の実態、つまり部落に住んでいる、住んでいたなどなんらかの関わりを持っているものが部落出身者と見なされて差別されるという現実をまったく無視していることです。東京地裁判決は、リストの地名に住所や本籍を置いている人は部落出身者だとみられ、差別されると判断しました。これに対して宮部は「少なくとも住所や本籍があることをもって部落出身とは判断できない」と反論しています。もちろん「全国部落調査」に住所または本籍があるだけで部落出身と判断することはできません。しかし、住所または本籍があることによって、その人が部落出身者と見なされて差別の対象となることは事実です。住所や本籍がなくても、親兄弟や親族が住んでいる、住んでいた場合も部落出身者と見なされて差別されています。「全国部落調査」が見なされる材料となります。この事実を宮部は完全に無視しています。

原告・部落解放同盟の主張

――原告側はどのように主張してきたのですか。

片岡　主に3つあります。一つは、「全国部落調査」は公表すること自体が差別を拡散助長するものであり、リストに出ているすべての都道府県で差し止めるべきだと主張しました。一審判決は、25の都府県のみを差し止め、16の県を差し止めから外しました。しかし、部落差別の実態からみて、これはまったく間違っています。部落差別は「部落民」と呼ばれる人たちに向けられる忌避・排除の行為であって、差別する側は、ある県の部落民は差別するが、隣の県の部落民は差別しないというようなことはありません。したがって特定の県だけを差し止め、それ以外の県は差し止めないということは、部落差別の現実からズレています。

――二つ目の主張とは

片岡　2点目は、そもそも一審被告が出版を企んだ「全国部落調査」は、法務省が差別を助長拡散する差別図書として摘発し、回収したうえで焼却処分にした差別図書だということを強く訴えました。

1975年、法務省は「部落地名総鑑」を差別図書として摘発しましたが、一審被告が販売しようとしている復刻版は、この「部落地名総鑑」と同じ内容の図書です。当時、法務省は差別を助長する図書として購入者を調査し、図書を回収したうえで焼却処分しましたが、一審被告は法務省が焼却処分したものを復刻して販売しようとしているのです。

――三つめの主張は

片岡　一審被告の悪質性です。この裁判がはじまる前の2016年2月に、東京法務局が被告を呼び出して「説示」をおこないました。東京法務局は「ネット掲載は、差別を助長し、又は誘発する」と述べ、「直ちに中止しなさい」と「説示」をおこないましたが、被告はまったく無視しました。2018年12月に法務省が「インターネット上の同和地区に関する識別情報の摘示の立件及び処理について」という依命通知を出しましたが、被告はこの通知をまったく無視して、挑戦的な態度を続けています。昨年、東京地裁は、「ウェブサイトへの掲載、書籍の出版、出版物への掲載、放送、映像化（いずれも一部を抽出しての掲載等を含む。）等の一切の方法による公表をしてはならない。」という判決を言い渡しましたが、一審被告は、その後も全国各地の被差別部落に潜入して動画を撮り、ネットに流し続けています。これに対して最近、ユーチューブが被告の「部落探訪」を削除しましたが、しかし、一審被告は自身のホームページからは消していません。一審被告の行動は極めて悪質であり、部落差別の確信犯だと訴えました。

裁判の見通しと闘い方

――鳥取ループを相手にしたこの裁判の今後の見通しと闘い方について聞かせてください。

片岡　まず、この裁判の重要性を訴え、全国的に支援を呼び掛けていきます。最近、部落の地名リストや差別動画を出す模倣犯が現れています。裁判に負ければ、このような模倣犯がさらに増えていくでしょう。二つ目は、ネットの事業者に対して、差別情報を削除するよう強く働きかけていきます。12月2日にユーチューブが「部落探訪」を消しましたが、まだほかのサイトは消えていません。ほかのネット事業者もユーチューブに倣って速やかに消すよう働きかけていきます。三つ目は、同和地区一覧表の掲載を禁止する新しい法律の制定です。部落差別解消法はできましたが、これは一種の理念法です。そこでもう一段踏み込んで、同和地区所在地一覧や差別情報を掲載することは犯罪行為として処罰するという法律を作ることです。これがない限り、今後もあとを絶たない。そのための運動を始めたいと思います。これが今年の大きな課題です。

全　国　2023年1月25日

主張　復刻版裁判控訴審・第2回口頭弁論に結集しよう

（「解放新聞中央版」2023年1月25日付）

2回口頭弁論に結集しよう

1

「全国部落調査」復刻版出版事件裁判の控訴審における第2回口頭弁論が2月1日にひらかれる。口頭弁論では、双方がそれぞれの主張をのべるが、裁判はおそらくこの2回目の口頭弁論で結審となり、その後、判決が言い渡されるので、控訴審の最後の裁判となる見通しである。「全国部落調査」復刻版の出版を完全に差し止め、インターネットから完全に削除させるために全国から裁判に結集しよう。

「全国部落調査」復刻版出版事件裁判の控訴審は、昨年8月3日に東京高裁で第1回口頭弁論がひらかれ、11月17日に第2回口頭弁論がひらかれる予定になっていた。ところが一審被告の事情で出廷できないので中止するという連絡が2日前に裁判所からあって、第2回は延期になった。一審被告は、弁護士を頼まず自分で裁判をやっているので、出席しないと裁判が成り立たないという理由からだが、全国から裁判に参加する予定だった原告や傍聴者は大混乱となった。とくに航空券を予約していた九州や中・四国の原告は大きな損害を被った。

2

東京高裁における控訴審は昨年8月に始まったが、一審被告は相変わらず荒唐無稽な主張をくり返している。

1点目に、一審被告がくり返しているのは、身元調査の材料として悪用されるというリストの性格、機能を隠蔽して、『全国部落調査』はたんなる地名のリストであり、公表しても被害はないという点だ。

東京地裁は2021年9月の判決で、部落リストに住所や本籍があると「被差別部落出身者として結婚、就職等の場面において差別を受けたり、誹謗中傷を受けたりするおそれがある」と判示し、プライバシー侵害を認めたが、一審被告は、「リストは単なる地名の羅列であって、個人の名前も情報も出ていないのだからプライバシーの侵害にならない」と反論した。しかし、このリストは歴史的社会的に一般社会から区別され、差別的な取り扱いを受けてきた地域の一覧であり、その公表が「自分たちとは違う、特別な人たちが住む地域」という差別意識を喚起するリストである。一審被告はこの本題を棚に上げ、たんなる地名リストだと問題をすり替えている。

2点目は、部落差別の実態、つまり部落に住んでいる、住んでいたなど、被差別部落と何らかのかかわりを持っている人が部落出身者と〝見なされて差別される〟という現実をまったく無視していることだ。

地裁判決は、リストに掲載された地名に住所や本籍

主張

復刻版裁判控訴審・第

▲控訴審第1回口頭弁論後の報告集会のようす（2022年8月3日・東京）

を置いている人は部落出身者だとみられ、差別されると判断した。これにたいして一審被告は「少なくとも住所や本籍があることをもって部落出身とは判断できない」と反論してきた。もちろん『全国部落調査』に住所または本籍があるだけで部落出身と判断することはできないが、住所または本籍があることによって、その人が部落出身者と〝見なされ〟て差別の対象となることは事実だ。住所や本籍がなくても、親きょうだいや親族が住んでいた、住んでいる場合も部落出身者と見なされて差別されている。だから〝見なす材料〟となる『全国部落調査』が問題なのである。

3

これにたいして弁護団および原告は、とくにつぎの3点を裁判所に訴えてきた。1点目は、『全国部落調査』は公表すること自体が差別を拡散助長するものであり、リストに出ているすべての都道府県を差し止めるべきだという点である。地裁判決は、25の都府県だけを差し止め、16の県を差し止めから外した。しかし、部落差別の実態からみて、これはまったく間違っている。部落差別は「部落民」とよばれる人たちに向けられる忌避・排除の行為であって、差別する側は、ある県の部落民は差別するが、隣の県の部落民は差別しないというようなことはない。したがって特定の県だけを差し止め、それ以外の県は差し止めないということは、部落差別の現実から大きくズレている。

2点目は、そもそも一審被告が出版を企んだ『全国部落調査』復刻版は、法務省が差別を助長拡散する差別図書として摘発し、回収したうえで焼却処分にした文字どおり差別図書だという点だ。

1975年、法務省は『部落地名総鑑』を差別図書として摘発したが、一審被告が販売しようとしている復刻版は、この『部落地名総鑑』と同じ内容の図書である。当時、法務省は差別を助長する図書として購入者を調査し、図書を回収したうえで焼却処分したが、一審被告は法務省が焼却処分したものを復刻して販売しようとしているのである。

3点目は一審被告の悪質性の指摘だ。この裁判が始まる前の2016年2月に、東京法務局が被告をよび出して「インターネット掲載は、差別を助長し、又は誘発する」とのべ、「直ちに中止しなさい」と「説示」をおこなったが、被告はまったく無視した。また、2018年12月に法務省が「インターネット上の同和地区に関する識別情報の摘示事案の立件及び処理について」という依命通知を出したが、被告はこの通知もまったく無視して、挑戦的な態度を続けている。

昨年、東京地裁は、「ウェブサイトへの掲載、書籍の出版、出版物への掲載、放送、映像化（いずれも一部を抽出しての掲載等を含む。）等の一切の方法による公表をしてはならない。」という判決を言い渡したが、一審被告は、その後も全国各地の被差別部落に潜入して動画を撮影し、インターネットに流し続けている。これにたいして11月、ユーチューブが一審被告の「部落探訪」を削除したが、しかし、一審被告らは新たな方法でこれを公開している。

4

一審被告の行為は、文字どおり差別の助長拡散である。最近、一審被告に触発されて、被差別部落をさらしものにする模倣犯があらわれている。裁判に負ければ、このような模倣犯がさらに増えていくことになる。絶対にこれらの差別扇動を削除させなければならない。この裁判は、部落差別の確信犯との闘いであり、ネット時代の部落差別との闘いでもある。そして、同和地区所在地一覧や差別情報を掲載することは犯罪行為として処罰する、という法律をつくるための闘いの一環でもある。2月1日の口頭弁論に全国から参加しよう。

全　国　2023年2月1日

復刻版控訴審判決は6月28日に

（「解放新聞中央版」2023年2月15日付）

判決は6月28日に

復刻版控訴審が結審

「差別されない権利」を訴え

「全国部落調査」復刻版出版事件裁判控訴審の第2回口頭弁論が2月1日午後、東京高裁でひらかれた。一審原告（以下、原告）、一審被告（以下、被告）の双方が意見陳述して結審した。判決は6月28日午後2時。

原告から、片岡副委員長（糾弾闘争本部事務局長）は、復刻版について①差し止め範囲を限定したこと②現住所や現本籍が掲載されていない原告への損害賠償を否定したことを中心に、部落差別の認識が不十分な東京地裁判決の誤りを指摘。復刻版は法務省が回収し焼却処分した差別図書『部落地名総鑑』と同内容、被告は判決後も差別動画などを流し続けていると、被告の悪質性を強調した。

弁護団からは、山本志都・弁護士が「部落差別の実相をみて判断を」と強調し、裁判資料さえも差別に悪用する被告と闘う原告の覚悟と、訴訟に立ちあがれない多くの被害者の存在、出身を隠す人の恐怖と不安、差別そのものの部落の地名リストをプライバシー権でしか見なかった地裁判決の誤りを指摘。高裁の判断は次世代がネット情報におびえず生きられるかの試金石、ほかの差別を争う事件にも大きく影響すると語り、差別されない権利、差別されずに平穏に生きる権利に正面から判断を、と訴えた。

インターネット上の差別根絶へ

被告はMが意見陳述。あいも変わらず「出版の自由がある」などの主張をくり返すほか、「部落出身を理由」とする「通常ではあり得ない特殊な損害賠償請求権」を地裁判決が認めたとして行政などへの「ゆすりたかり」に使われると語るなど、荒唐無稽な差別扇動を延々と展開した。

報告集会は日比谷図書文化館でオンライン併用でひらき、23都府県から175人が参加。西島委員長は、栃木県行政書士戸籍等不正取得事件をあげて部落差別の現実にたいする被告の悪質さを強調し、裁判の完全勝利と、インターネット上の差別根絶へ闘い抜く決意を語った。原告からは片岡糾弾闘争本部事務局長があいさつ。弁護団の指宿昭一、山本、中井雅人、河村健夫の各弁護士が順に報告し、1月10日に裁判長が土田昭彦・裁判長に交代したことも報告された。質疑応答後、赤井書記長が閉会あいさつし団結がんばろうをおこなった。司会は安田中執が務めた。

復刻版裁判控訴審第2回口頭弁論報告集会

（「解放新聞中央版」2023年3月15日付）

「差別されない権利」の確立を

「全国部落調査」復刻版出版事件裁判控訴審第2回口頭弁論（2月1日・東京高裁、3055号既報）の報告集会から、中央本部代表あいさつ、弁護団報告、原告代表あいさつの要旨を掲載する。

中央本部あいさつ

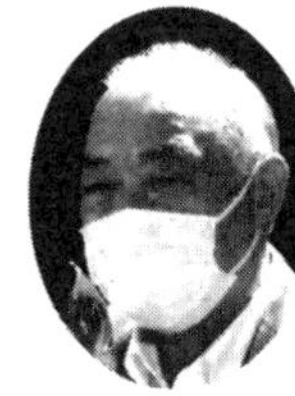

中央執行委員長　西島　藤彦

判決は6月28日午後2時に出される。なぜ「全国部落調査」復刻版を公表しようとしたか。被告Mは口頭弁論でその背景を語らなかったが、栃木県行政書士戸籍等不正取得事件ひとつをみても、行政書士が興信所などと結託し、5年間で3500通も戸籍などを取得している。依頼してでも戸籍情報がほしい市民がいる。結婚や就職にかかわる身元調査だ。その依頼があとを絶たない事実がある。なんとしても「差別されない権利」をかちとろう。

昨年12月、Mの「部落探訪」の差別動画が削除されたが、Mはまた新しい形で差別動画を出している。裁判に完全勝利し、部落差別の息の根を止める運動をすすめる決意だ。模倣犯も許さず、完全勝利まで闘う。

弁護団報告

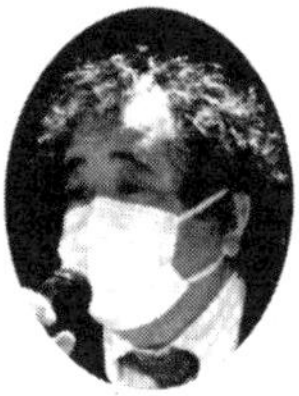

弁護士　指宿　昭一

提訴から7年間もかかっているのは、日本に差別禁止法がないからだ。現行の法制度では復刻版の出版を簡単に差し止められない。しかし、Mの行為は止めねばならない。また、模倣犯の出現を防がねばならない。そのため、差別禁止法がないなかでも、なんとか現行法を使い、損害賠償を求めて起こした裁判だ。

差別禁止法のない現状は、ひじょうに不十分な一審判決にあらわれている。差別禁止法を制定し、差別を許さない社会をつくるという課題が、裁判から浮かびあがっている。裁判の勝利は、課題を実現するための大きなきっかけになる。裁判の判決を活用し、いっそう反差別の運動をすすめよう。

「全国部落調査」復刻版出版事件裁判控訴審第2回口頭弁論報告集会から

原告代表あいさつ

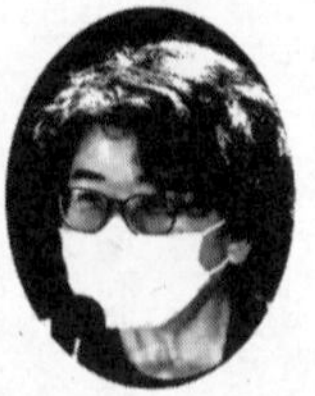

弁護士 山本　志都

裁判長は1月10日、土田昭彦・裁判長に交代した。

意見陳述では、司法の限界を意識的に打ち出した。まず原告の戸籍などを裁判に出すと悪用する被告にも渡るため、公正証書で出さざるをえなかったこと。差別される属性を持っているという証拠を提出せねばならない理不尽さもある。つぎに訴訟に立ちあがれない多くの被害者がいること。自分が明らかにしている場合はプライバシー権侵害を認めないという地裁判決の論理では、原告になること自体が権利放棄になりかねない。確信犯的に差別し続ける人間に司法がどう判断を出すか。高裁の判断は社会的に大きな影響がある。判決を闘いにつなげよう。

弁護士 中井　雅人

昨年10月3日に第4準備書面、昨年12月12日に第5準備書面を提出した。第5準備書面は、グーグル社が昨年11月30日、Mの「部落探訪」の動画を削除したこと、また、Mが同様の動画投稿の継続を明言し、実際に被差別部落をさらし続けていることをのべている。

また、地裁判決が差し止めから除外した県のうち11県からの陳述書を提出した。原告として立ちあがれない現実、救済する法的規範がない現実がある。差別を許さず、さらに頑張ろう。

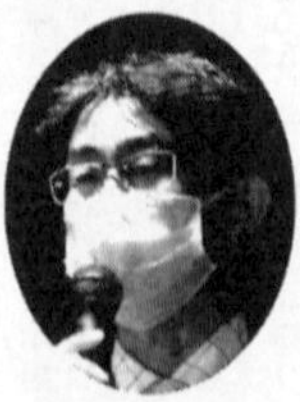

弁護士 河村　健夫

地裁判決は、現在の住所や現在の本籍が「全国部落調査」復刻版に掲載されている人にしか権利侵害はないとした。しかし、身元調査は親や親類などがさかのぼって調べられるものだ。高裁の裁判官は、ある程度実状を理解したのではないか。きょう、裁判所にくる途中、Mがチラシを掲げて立っていた。仲間を待っていたようだが、誰もきていなかった。傍聴席に入りきれないみなさんの状況とは対照的で、差別を許さない動きの深まり、広がりの結果だ。どういう判決が出ても裁判は最高裁までいくだろう。最後まで闘う。

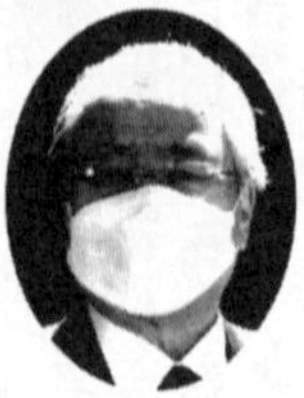

糾弾闘争本部事務局長 片岡　明幸

部落差別の実態から▽復刻版公表差し止めを全都府県について認めるべき▽現住所や現本籍が掲載されている人にだけ権利侵害を認めるのは間違い▽復刻版は法務省が回収処分した『部落地名総鑑』と同内容▽被告の悪質性、で意見陳述した。裁判だけで終わる問題ではない。差別禁止法が必要。闘いを緩めず頑張ろう。

埼　玉　2023年2月1日

「全国部落調査」裁判第2回口頭弁論意見陳述

（「解放新聞埼玉版」2023年2月15日付）

「全国部落調査」裁判 第2回 口頭弁論 意見陳述

被告の行為を確実に止める判断を

原告団団長　片岡明幸

被告宮部が新型コロナウイルスに感染したことにより延期されていた「全国部落調査」復刻版出版事件裁判控訴審・第2回口頭弁論が2月1日、東京高等裁判所でひらかれ、片岡明幸・原告団団長は「すべての都道府県で出版の差し止めをするべきだ」と意見陳述した。その意見陳述の内容を掲載する。

原告を代表して意見を述べます。

4点に絞って意見を述べます。

1　部落差別の実態から考えれば一部の都府県だけを差し止めるのは間違っている

まず第1点目は、「全国部落調査」は公表すること自体が差別を拡散助長するものであり、リストに出ているすべての都道府県を差し止めていただきたい。

一審判決は、私たちの出版差し止め請求に対して25の都府県のみを差し止め、6つの県は認めませんでした。また原告がいないために10の県も差し止めから外しました。しかし、部落差別の実態からみて、これはまったく間違っています。部落差別は「部落民」と呼ばれる私たちの仲間に向けられる忌避・排除の行為であって、差別する側は、隣の県の部落民は差別するが、ある県の部落民は差別しないというようなことはありません。したがって特定の県だけを差し止め、それ以外の県は差し止めないということは、部落差別の現実とまったくズレています。

今回、除外された地域のうち、千葉、静岡、愛知、石川、富山、福井、三重、岐阜、徳島、山口、佐賀、長崎の12の県から陳述書を提出しましたが、いずれの地域も被差別部落に対する差別が依然として残っており、「全国部落調査」が公表されることに強い不安と怖れを抱いている心情を切々と訴えています。したがってすべての地域を差し止めていただきたい。

2　住所や本籍を置いているものだけにプライバシー侵害を認めるのは間違っている

2点目は、住所や本籍を置いているものだけにプライバシー侵害を認めるのは間違っていることです。
一審判決は、「全国部落調査」に住所や本籍を置いているものだけにプライバシーの侵害を認め、過去に住所・本籍を置いていたものや親族が住んでいるものを除外しました。しかし、部落差別の現実をみると、現に住所または本籍がなくても、「全国部落調査」の地名にかかわりを持つものが部落出身者と見なされて差別の対象になっています。だから〝見なす材料〟となる「全国部落調査」復刻版はすべてを差し止めるべきです。

例えば、私自身を例に挙げますと、私は兵庫県たつの市の被差別部落で生まれ育ちました。そこはリストに地名が掲載されていますが、現在はさいたま市北区に住んでおり、そこはリストには掲載されていません。しかし、私が被差別部落出身者でなくなったわけではありません。今も被差別部落出身者として差別の対象になっています。事実、今も私の自宅には、毎月「お前は部落民だ」として侮辱するひどい文章が郵送されてきています。現に住所または本籍がなくても、部落出身者と見なされて差別の対象になるのです。

3　回収して焼却処分にされた差別図書

3点目は、そもそも一審被告が出版しようと企んだ「全国部落調査」復刻版は、法務省が差別を助長拡散する差別図書として摘発し、回収したうえで焼却処分にした文字通り差別図書だということを認識して欲しいと思います。

1975年、法務省は「部落地名総鑑」を差別図書として摘発しましたが、一審被告が公表しようとしている復刻版は、この「部落地名総鑑」と同じ内容の図書です。一審被告自身、「全国部落調査」復刻版の表紙にわざわざ「部落地名総鑑の原典」と銘打ってそれを売り物にしています。当時、法務省は「部落地名総鑑」は差別を助長する図書として購入者を調査し、図書を回収したうえで焼却処分しましたが、一審被告は法務省が焼却処分したものを復刻して販売しようとしているのです。

4　説示違反などの悪質性

最後は、被告らの悪質性です。

この裁判がはじまる前の2016年2月に、東京法務局が被告を呼び出して「説示」をおこないました。東京法務局は「インターネット掲載は、差別を助長し、又は誘発する」と述べ、「直ちに中止しなさい」と「説示」をおこないましたが、被告らはまったく無視しました。

2018年12月に法務省が「インターネット上の同和地区に関する識別情報の摘示の立件及び処理について」という依命通知を出しましたが、被告らはこの通知もまったく無視して、挑戦的な態度を続けています。

昨年、東京地裁は、「ウェブサイトへの掲載、書籍の出版、出版物への掲載、放送、映像化（いずれも一部を抽出しての掲載等を含む）等の一切の方法による公表をしてはならない」という判決を出しましたが、一審被告は、その後も全国各地の被差別部落に潜入して、「部落探訪」と名付けて動画を流し続けました。これに対して昨年11月、グーグル社が

「ヘイトスピーチに関するポリシーに違反する」として、一審被告のユーチューブの動画200本余りを削除しましたが、一審被告は動画以外の写真や文字を残し、その後、新たに別の動画配信サイトに被差別部落の動画をアップしています。

　このように一審被告の行動は極めて悪質であり、部落差別の確信犯というべきです。東京高裁におかれては一日も早くこの行為を確実に止めさせるような判断をおこないますよう要請致します。

埼　玉　2023年6月28日

「全国部落調査」裁判高裁判決の評価㊤

（「解放新聞埼玉版」2023年8月15日付）

「全国部落調査」裁判 高裁判決の評価㊤

高裁判決の地平踏まえ 上告審勝利へ

原告団長 片岡 明幸

1 はじめに

2016年から足かけ7年にわたって闘ってきた「全国部落調査」復刻版裁判で、東京高等裁判所第16民事部（土田昭彦裁判長）は6月28日、一審原告のわれわれの主張を大幅に認める画期的な判決を言い渡した。判決は、一審判決（東京地裁）に続いて「復刻版　全国部落調査」の出版の差し止めを認め、差し止めの範囲にあらたに佐賀、長崎、徳島、山口、三重、茨城の6つの県を追加し、31都府県に拡大した。損害賠償も60万円増やして総額552万円に増額し、事実認定においても現在も深刻な部落差別の実態が残っていることを認定した。

また、争点になっていた権利侵害を受ける原告の範囲についても、戸籍を遡って身元調査が行われている実態を直視し、範囲を拡大した。そして、一番大きな争点になっていた「差別されない権利」についても、事実上はっきりこれを認めた。高裁は、部落差別の実態に踏まえて、部落差別は許されないものであるとの基本的な認識に立って鳥取ループの行為をきびしく弾劾した。

2 控訴審の争点に対する判断

まずは控訴審で争点になっていた5つの項目について、裁判所がどう判断したのか、そこから説明していきたい。

① 差別されない権利を認める

第1点目は、「差別されない権利」を認めたことである。この裁判でわれわれはプライバシー権、名誉権のほかに「差別されない権利」があり、それが侵害されていることを強調した。「国民は法の下に平等であり、差別されない権利があるはずだ。その権利が侵害されている」――これがわれわれの主張の中心であった。これに対して一審判決は「（差別されない）権利の内実は不明確」だとしてこれを認めなかった。しかし、高裁は「憲法13条は、すべて国民は個人として尊重され、生命、自由及び幸福追求に対する権利を有することを、憲法14条1項は、すべて国民は法の下に平等であることをそれぞれ定めており、その趣旨等に鑑みると、人は誰しも、不当な差別を受けることなく、人間としての尊厳を保ちつつ平穏な生活を送ることができる人格的な利益を有するのであって、これは法的に保護された利益であるというべきである（22頁）」と述べ、事実上「差別されない権利」があることを認めた。

② プライバシー権の修正

2点目は、一審判決の構造上の一番大きな欠陥、すなわち差別されない権利を認めず、問題をプライバシー権の侵害に収斂《しゅうれん》して判断したことについて整理し、一審判決を修正したことである。高裁判決は「仮に本件地域情報の公表によりプライバシー権又は名誉権が侵害されることがあるとしても、これは上記の人格的な利益（＝差別されない権利）が侵害される場合と重複するものと認められ、プライバシー権及び名誉権はいずれも人格権に基づくものであるから、これらの権利利益は上記の人格的な利益（＝差別されない権利）において考慮するのが相当である（20頁）」と述べ、プライバシーで判断した一審判決を修正、「差別されない権利」で判断するべきだと明快に示した。高裁がそういっているわけではないが、事実上高裁は、この裁判はプライバシー侵害で判断するべきではない、「差別されない権利」によって判断するべきだと是正したのである。

③ 差し止め範囲の拡大

3点目は、差し止めの範囲を拡大し、6つの県を新たに差し止めたことだ。われわれは地名が掲載されている41都道府県全部の差し止めを求めたが、一審判決は範囲を狭くとらえ、25の都府県のみを差し止め、16県を除外した。控訴審では、その県に原告がいなくても「全国部落調査」が出版されれば、それが身元調査の材料として悪用され、そこに関連を持つすべての関係者が被差別部落出身者と見なされ、差別されるのは同じだと主張して全部の削除を求めた。これに対して高裁は差し止めの基準を見直し、あらたに6県を差し止めに追加した。この点も評価したい。しかし、原告がいなかった県と、原告または親族の現在または過去の住所・本籍がなかった10県は除外するという課題は残った。この点について高裁は、「一審原告（＝解放同盟）らは本件地域情報全体の削除や公表の禁止を求めるが、個人の人格的な利益に基づく請求である以上、上記の範囲を超えてこれを認めることはできない」とその理由を説明した。裁判の前提が個人の被害救済である以上、原告がいない県まで救済することはできないというのである。

ただし、誤解のないようにしてほしい。この10県は原告がいないから差し止めを認めなかったのであり、被差別部落の地名リストの発行はいかなる地域であっても違法だという判決の内容は変わらない。除外された10県は公表してもいいということではけっしてない。

④原告の範囲拡大

4点目は、損害を受けた原告の範囲を広げたことである。一審では、損害を受けた人の範囲を「現住所・本籍」に限定し、範囲を制限した。しかしわれわれは控訴審で、被差別部落にルーツを持つ者が被差別部落出身と見なされて差別されると主張して、その範囲を広げるように主張した。その結果、高裁は現在「住所・本籍」を置いている原告だけではなく、「過去に住所・本籍」を置いていた原告、さらに親族が地域情報（リスト）に「住所・本籍または過去の住所・本籍」を置いていた者まで拡大し、差し止めの範囲を拡大した。これは戸籍を遡って取得し、部落出身者を調べる身元調査の実態を直視した判断であり、部落差別の系譜性を認めるべきだという、われわれの主張を受け止めた結果である。

高裁は、身元調査が現に住んでいなくても行われている事実に即して、「不当な扱い（差別）又はそのおそれは、必ずしも本件地域の出身であるという客観的な事実に基づくものではなく、むしろ偏見や差別意識といった人々の心理、主観に起因するものである上、居住移転の自由が保障されている今日においては、本件地域を離れて生活している者も少なくない一方、戸籍謄本等によって取得できる情報は現在の本籍、住所に限られるものではなく、これを手がかりに過去及び親族の本籍や住所を探索することも不可能ではない」と述べたうえで、「本件地域の出身でなくても、本件地域での居住や本件地域に系譜を有すること等によっても生じ得るものである。そうすると、現に本件地域に住所又は本籍を有する場合はもとより、過去においてこれらを有していた場合、両親や祖父母といった親族が本件地域に住所又は本籍を現に有し又は過去において有していた場合においても、不当な扱い（差別）を受け又はそのおそれがあるものと判断するのが相当である（25頁）」とした。

⑤示現舎とM・Jの損害賠償責任

5点目は、一審被告M・Tだけではなく、示現舎と一審被告M・Jにも損害賠償責任を認めた点である。

一審判決では、出版はM・Tがやろうとしたもので、会社としての示現舎と社員であったM・Jは関係していないという認識から、M・Tだけに損害賠償責任を認め、示現舎とM・Jの損害賠償を認めなかった。

これに対して高裁は、M・Jは示現舎の代表社員であり、「復刻版」などの書籍はいずれも示現舎が発行所で、示現舎は、解放同盟の仮処分申立てによって「復刻版」を販売する機会を失ったとして反訴請求を提起していることなどを考えると、「不法行為は一審被告M・J及び一審被告示現舎が一体となって行ったものと認めるのが相当である。」と示現舎にも賠償責任を認めた。　（つづく）

埼　玉　2023年6月28日

「全国部落調査」裁判高裁判決の評価㊦

（「解放新聞埼玉版」2023年9月1日付）

「全国部落調査」裁判　高裁判決の評価㊦

高裁判決の地平踏まえ上告審勝利へ

原告団長　片岡　明幸

3　部落差別の現状と深刻さの理解

以上が裁判の争点に対する高裁の判断であるが、判決全体を通して見てみると、裁判官が部落差別の実態とその深刻さについて相当程度理解したうえで前述のような判断をしていることがわかる。では裁判官はどのように部落差別の実態を理解したのか。

例えば具体的には、「大阪府が平成17年に実施した意識調査において、多くの者が『同和地区にある物件は避けると思う』と回答し、同法（＝部落差別解消推進法）に基づき法務省人権擁護局が行った実態調査においても、『結婚相手や交際相手が旧同和地区の出身者であるか否か気になるか』との質問に対し、15・7％の者が『気になる』と回答したこと、これまで戸籍謄本等の不正取得が繰り返され、平成20年に戸籍法が改正されて第三者による戸籍謄本等の交付請求が制限されたものの、依然として身元調査を目的とした戸籍謄本の不正取得が絶えない」（22頁）と述べて差別が現在も根強く残っていることを認定した。また「同和地区の住宅物件に対する忌避意識については、回答者数3675人のうち、43・4％の人が『同和地区にある物件は避けると思う』と回答した」と土地差別の実態も取り上げた（20頁）。また高裁は、最近のインターネットの影響についても「インターネット上で部落差別に関する誤った情報や偏見・差別をあおる情報に接することにより、差別意識を植え付けられる可能性がないとはいえない」（19頁）と述べ、ネットの与える影響にも言及している。

いっぽう裁判官は、「本来、人の人格的な価値はその生まれた場所や居住している場所等によって左右されるべきではないにもかかわらず、部落差別は本件地域の出身等であるという理由だけで不当な扱い（差別）を受けるものであるから、これが上記の人格的な利益を侵害するものであることは明らかである」（23頁）と述べ、部落差別は不当で許せないという認識を示し、そのうえで「本件地域の出身等であること及びこれを推知させる情報が公表され、一般に広く流通することは、一定の者にとっては、実際に不当な扱いを受けるに至らなくても、これに対する不安感を抱き、ときにそのおそれに怯えるなどして日常生活を送ることを余儀なくされ、これにより平穏な生活を侵害されることになるのであって、これを受忍すべき理由はない」（23頁）と述べ、地名公表が当事者に与える精神的な影響を説明している。控訴審では多くの原告が意見書にインターネットのもたらす精神的な不安を書いたが、それを受け止めた内容になっている。

4 鳥取ループの屁理屈への批判と悪質性の弾劾

ところで鳥取ループは裁判の中で荒唐無稽な屁理屈を並べて自らの行為を正当化しようとしてきた。判決は、その屁理屈についても取り上げ、それをきっちり論破している。

その一つは、「調査報告書など地名が掲載された書籍はほかにもある」というループの主張である。高裁は、そもそも「全国部落調査」は同和事業のために非公開の内部資料として作成されたもので、「全国部落調査」の復刻版出版自体が「（全国部落調査の）作成目的や趣旨に反する」ものであるときっちり否定した。また同和行政に関連して行政が実態調査報告書や実績報告書を作成し、そこに地名が掲載されているといっても、それは「趣旨、目的を異にするものである。」と鳥取ループの主張を退けた。

また、「公表しないことがかえって差別を助長することになる」「部落を公表すれば差別はなくなる」という鳥取ループの屁理屈に対しても東京高裁は厳しく批判した。高裁は、部落差別はまだ解消されておらず、「インターネットの普及により、誤った情報、断片的な情報、興味本位な情報も見受けられるようになったことに照らすと」被差別部落の地区の公表は、「不当な扱い（差別）を招来し、助長するおそれがあることは明らかである」と述べて鳥取ループの主張を明快に退けた。また「公表すれば差別はなくなる」というループの主張に対しても「公表されることによって、これが解決される具体的な根拠、見通しがあることを基礎付ける証拠もない」（28頁）と述べ、ズバッと切り捨てた。

さらに、「同和問題の研究の自由の侵害だ」という鳥取ループの主張に対しても「1審被告らが上記主張する不利益と、本件地域情報（＝「全国部落調査」）の公表が禁止されることによって保護される本件認容原告（＝部落解放同盟）らの利益を比較衡量するも、後者が前者を凌駕することは明らかである」と述べ、地名公表による重大な人権侵害に比べれば、研究の自由が損なわれるなどという不利益は、比較できないほど小さなものだと切り捨てた。

5 上告審で完全勝利を

高裁判決はわれわれの主張をしっかり受け止めたものになった。しかしその判決でも「復刻版」全体が差し止められなかったことは、決して諸手を挙げて喜ぶわけにはいかない。また、損害賠償もわずかに増額されただけで、被告に社会的な制裁を加えるという立場から見れば決して十分とは言えない。このため解放同盟中央本部は、原告団、弁護団と協議して最高裁に上告した。最高裁は憲法違反である場合にだけ審議するという原則なので、高裁の判断におおきな変化があることは考えづらいが、決してあきらめずに全部の差し止めのために闘争を続けていきたい。

■ネットの差別情報削除に向けた課題

ところで、この裁判闘争は鳥取ループとの闘いであると同時に、ネット空間に溢れる差別情報との闘いである。われわれの最終的な目標は、「全国部落調査」の出版差し止め・ネット削除を実現したうえで、インターネットに溢れるさまざまな差別情報を消すことにある。鳥取ループとの闘いはその第一歩である。そこで最後に裁判と平行して進めなければならない当面の課題について提起したい。

一つ目は、今回の判決の宣伝である。最近、鳥取ループに触発されて真似をする人間が増えているが、模倣犯に対する警告という意味から判決の内容をできるだけ広範囲に宣伝しよう。被差別部落の地名公表は違法で決して許されないという判決が出ており、差別情報を公表するものは賠償金を払わなければならない、ということをできるだけ幅広く発信しよう。

二つ目は差別禁止法の制定である。「差別されない権利」を認め、地名公表が深刻な被害を生むことを認める画期的な判決であったが、いっぽうで原告のいない県は差し止めを認めないという裁判の限界もはっきりした。やはりどうしても差別を禁止する法律が必要である。

三つ目は、「部落探訪」削除の闘いである。今回の裁判で「全国部落調査」は止められたが、鳥取ループは依然として「部落探訪」を晒し続けている。鳥取ループに対する第2弾の闘いとして「部落探訪」削除の闘いをしっかり進めよう。

四つ目は、自治体交渉である。現在、全国の自治体では、ネットの差別情報削除の取り組み（モニタリング）や首長の削除要請行動、差別禁止条例の制定などが取り組まれているが、判決を踏まえてさらに拡大していこう。

五つ目は、ネット事業4団体との交渉である。一般社団電気通信事業者協会など4団体は「判決の結果を見てから判断したい」などと高みの見物を決め込んで鳥取ループを野放しにしてきたが、その判決が出たのだ。判決を踏まえて責任ある行動をとるようネット4団体に詰め寄ろう。

そして最後に教育・啓発の推進である。判決でもネットの影響が指摘されているが、学校や企業、労組、各種団体、とりわけ影響を受けやすい学校教育で同和教育を再構築するよう働きかけよう。

（おわり）

「部落差別解消推進法」の具体化のとりくみ

全　国　2022年4月5日

「部落差別解消推進法」をふまえた「条例」制定

（「解放新聞中央版」2022年4月5日付）

あいついで「条例」
宮崎、鹿児島、愛知、大分で

「部落差別解消推進法」をふまえ、各地で自治体での「条例」制定に向けた精力的な運動が展開されている。3月には宮崎、鹿児島、愛知と、あいついで県段階の「条例」が制定され、大分県では従来の「県条例」をより充実させる改正が実現した。いっそうの前進に向け、各地でとりくもう。

「宮崎県人権尊重の社会づくり条例」は3月7日に可決。3月14日に施行した。すべての人が自己決定にもとづき個性と能力を発揮して自己実現できる社会、あらゆる差別の解消にとりくむ社会、すべての人がかけがえのない存在として尊重され、多様な価値観・生き方を認め合う社会の実現への寄与を基本理念にうたった。県、県民・事業者の責務などを明らかにし、インターネットをふくめた「不当な差別的取扱い等の防止」、人権教育・啓発、相談支援体制整備、「人権施策基本方針」策定、意見聴取、県民意識調査などを定めた。

「鹿児島県人権尊重の社会づくり条例」は3月8日に可決。3月11日に施行した。「個人の尊厳や多様性が尊重され、あらゆる差別を生み出さない社会の実現」を前文にうたい、県、県民・事業者の責務を明記。「市町村への要請及び支援」「差別のない社会づくりに向けた取組」「基本計画の策定」「鹿児島県人権尊重の社会づくり審議会の設置」などを盛り込んだ。

「愛知県人権尊重の社会づくり条例」は3月24日に可決。4月1日に施行した（一部条文は10月1日施行）。人格と個性を尊重し合いながら支え合うこと、多様性を認め合う、誰一人取り残されることのない人権尊重の社会づくりへのたゆまぬ努力を前文にうたった。県の責務には「県は、人権施策を総合的に策定し、及び実施する責務を有する」などを明記。「人権尊重の社会づくりに関する基本的施策等」の章では、「基本計画等」「インターネット上の誹謗中傷等の未然防止及び被害者支援」「本邦外出身者に対する不当な差別的言動の解消に向けた取組の推進」「部落差別の解消に向けた取組の推進」「性的指向及び性自認の多様性についての理解の増進等」の各条文を詳細に規定した。「愛知県人権施策推進審議会」も設置される。

「大分県部落差別等あらゆる不当な差別の解消等に取り組む人権尊重社会づくり推進条例」は3月25日に可決、3月30日に施行した。08年制定の「条例」を、部落差別をはじめ、「本邦外出身者に対する不当な差別的言動」「障がいを理由とする差別」「感染症等の患者及び医療従事者、これらの者の家族等に対する差別」などの解消へ一部改正し充実。調査研究の条文には実態把握も盛り込んだ。

三　重　2022年5月19日

三重県が既存の条例を全部改正

（「解放新聞中央版」2022年6月5日付）

全会一致で「条例」

既存の条例を全部改正し　三重

「部落差別解消法」をふまえ、各地で自治体での「条例」制定・改正に向けた精力的なとりくみが展開されている。三重県議会では5月19日、既存の「人権が尊重される三重をつくる条例」の全部改正をおこない、「差別を解消し、人権が尊重される三重をつくる条例案」を全会一致で可決した。同日施行した（県の体制整備などの規定は2023年4月に施行）。

三重県議会では、「差別解消を目指す条例検討調査特別委員会」を2020年5月に設置。同特別委員会が41回にわたる会合を重ねて条例案を確定し、4月18日に議長に提出。5月12日には議会運営委員会で条例案を説明、同19日の本会議で原案どおり全会一致で可決・成立した。

埼　玉　2022年7月7日

部落差別の禁止を明記した条例可決

（「解放新聞中央版」2022年7月25日付）

埼玉で「県条例」可決
部落差別の禁止を明記

【埼玉支局】埼玉県議会は7月7日午後、「埼玉県部落差別の解消の推進に関する条例案」を可決し、同日施行した。部落差別の禁止を明記。県などの責務や教育・啓発、相談体制の充実、部落差別の実態把握も盛り込んだ。日本共産党を除く全会派が賛成した。

部落差別の禁止は第三条。「何人も、図書、地図その他資料の公表又は流布、インターネットの利用による情報の提供、結婚又は就職に際しての身元の調査、土地建物等を取引の対象から除外するための調査その他の行為により、部落差別を行ってはならない」と明記した。

県の責務（第四条）には、総合的施策の実施、国・市町村・県民・事業者との連携などを明記した。県民の責務（第五条）や事業者の責務（第六条）では、部落差別を解消する必要性への理解を深めるとともに、県が実施する施策に協力するよう努めることを求めた。

教育・啓発（第七条）、相談体制の充実（第八条）も明記。部落差別の実態把握（第九条）では、「部落差別解消推進法」第6条調査への協力と、必要に応じ、情報化の進展にともなう状況の変化もふまえ、実態把握に努めることを盛り込んだ。

片岡明幸・埼玉県連委員長は「部落差別は許されないと、県の姿勢を明確にしており、ひじょうに重要」と評価。県議会では、民主フォーラムの田並尚明・議員が、戸籍等不正取得事件や土地差別事件など、具体的な部落差別の状況をあげて賛成討論し、また、反対討論をした日本共産党にたいしても、その偏見・人権侵害を指摘して反論した。

「条例案」をまとめた自民党県議団の田村琢実・幹事長は「昨年提起されて政務調査会で検討してきた。具体的な差別が多いのに驚いた。県の政策として条例にしなければならないと考え、案をまとめてきた」「罰則はないが、差別をなくしたい思いが県民に伝わることを」と閉会後に語った。

全　国　2023年3月15日

主張　包括的な差別禁止・被害者救済の法制化へ各地での闘いを強めよう

（「解放新聞中央版」2023年3月15日付）

の法制化へ各地での闘いを強めよう

1

全国水平社創立100年から1年が経過した。

昨年3月3日、創立大会が開催された京都の地において、全国水平社創立100周年の歴史的意義と今後の闘いの方向性を確認し、未来志向の部落解放同盟組織への大胆な改革をおしすすめていくことを全国の仲間と確かめ合い、101年目の部落解放運動のスタートを切った。同時に、「部落解放同盟—新たなる決意」を発表し、人権の法制度の確立など、四つの方向性を内外に明らかにし、その具体化に向けての議論がスタートしている。

なかでも「部落解放基本法」制定運動の発展から「人権の法制度の確立」に向けた運動に関しては、2002年に国会に提出された「人権擁護法案」からはじまり、05年には、「人権侵害救済法案」、さらには、12年「人権委員会設置法案」と3度の国会審議を経たが、審議未了廃案という結果となった。

しかし、こうした包括的な人権の法制度の議論が引き継がれ、16年4月には「障害者差別解消推進法」が全面施行され、同年6月には、「ヘイトスピーチ解消法」、12月に「部落差別解消推進法」、さらには、19年5月には、「アイヌ施策推進法」（アイヌ新法）が成立している。こうした個別マイノリティの差別解消法が制定されてきたものの、宣言法としての限界も明らかにされ、マイノリティの人権保障と救済措置の必要性は日増しに高まりをみせてきている。

2

昨年11月、国連の自由権規約委員会は、日本の入管施設で5年間に3人の収容者が死亡したことなどに懸念を示したうえで、日本政府にたいして、国際的な人権条約にもとづいて、国内の人権を保護するため国際的な基準にそった独立した人権救済機関を早期に創設することを勧告した。これにたいして、当時の葉梨法務大臣は閣議のあとの記者会見で、「人権救済制度は、従来、わが国においても論議のあるところで、不断の検討をしている段階だ。国連の勧告はしっかり受け止めるが、現段階では、個別法によるきめ細かな人権救済に対応していきたい」とのコメントを発表し、日本においては、個別マイノリティにたいする差別解消法で対応することとし、包括的な差別禁止・被害者救済の法制化は求めないとの消極的な回答にとどまっている。包括的な差別禁止・被害者救済の法律の制定は、何が差別にあたるのかといった判断を、政府から独立した「人権委員会（仮称）」や「差別解消調整委員会（仮称）」に委ねることになることへの警戒からか、抵抗が強い。

主張 包括的な差別禁止・被害者救済

3

政府における消極的な対応とは正反対に、都道府県をはじめ自治体レベルで、包括的な差別禁止条例制定の動きが高まってきている。とくに和歌山県と三重県は特筆すべき人権条例として評価の高いものとなっている。

一部改正された和歌山県の「条例」は、「インターネットを通じて、公衆による閲覧、複写その他の利用をすることが可能な情報を提供することにより、部落差別を行ってはならない」「結婚及び就職に際しての身元の調査、並びにその他の行為により部落差別を行ってはならない」と部落差別の禁止を明記（第3条）。違反者に説示し、従わない人には勧告をおこなう。「情報化の進展に伴う部落差別に関する状況の変化」をふまえた部落差別の実態把握も明記している（第11条）。

三重県においては、「人権が尊重される三重をつくる条例」を全部改正し、「差別を解消し、人権が尊重される三重をつくる条例」として新たに制定された。特筆すべきは、「三重県差別解消調整委員会」が設置され、知事がその委員会にたいして、不当な差別をした者にたいする助言や説示、勧告など、意見を求め、最終的には同委員会の判断を知事が受けて、当事者にたいして必要な措置をとるとした点である。

不当な差別にあたるのかどうかを「三重県差別解消調整委員会」が調査もふくめ判断するという画期的な内容であり、その結論を知事へ進言するという条例の建て付けになっており、それを受けた知事が、助言や説示、勧告といった措置をとり、それを県民に公表するという〝見える化〟も担保されている。

不当な差別や人権侵害については、それが差別であり、人権侵害であるという判断が求められることは言うまでもない。鳥取ループの裁判でも問題視されるのは、つねに日本においては、差別を禁止する法律が存在しないという現状だ。裁判でも「差別されない権利」で差別行為を裁けない最大の理由は、差別禁止法がないからで、独立した差別禁止と被害者救済の機関の必要性は日増しに高まりを見せてきている。

4

18年の法務省の「インターネット上の同和地区に関する識別情報の摘示事案の立件及び処理について（依命通知）」は、「不当な差別的取扱いをすることを助長し、又は誘発する目的」がネット上で確認されたものは削除対象だと地方法務局に再度徹底するとともに、「差別解消目的を標榜し、紀行文の体裁をとっているものもあるところ、従前この種の情報については、助長誘発目的が必ずしも明らかでないとして、削除要請等の措置の対象としないことが多かった」が、「このような運用は、見直す必要がある」と指摘している。紀行文など、あたかも差別解消のためという体裁をとりながら、同和地区名や住所、町のようすなどを一方的に流布する差別情報がネット上に拡散しているためだ。さらに「特定の者を同和地区の居住者、出身者等として識別すること自体が、プライバシー、名誉、不当に差別されない法的利益等を侵害するものと評価することができ、また、特定の者に対する識別ではなくとも、特定の地域が同和地区である、又はあったと指摘する行為も、このような人権侵害のおそれが高い、すなわち違法性のあるものであるということができる」として削除対象だと明らかにしている。

同和地区の識別情報の摘示に違法性があると踏み込んで指摘しており、法務省から法務局、地方法務局への内部通知ではあるものの、この考え方を「部落差別解消推進法」の改正の議論や差別禁止・被害者救済の法制化につなげることがきわめて重要な闘いでもある。

5

「同性婚の人が隣に住んでいたら嫌だ」「同性婚を認めると日本を捨てる人もいる」という信じられない発言が、首相秘書官から飛び出した。岸田首相の側近である荒井勝喜・首相秘書官による差別発言であり、当然のことのように更迭されて一件落着がはかられようとしている。

岸田首相も同性婚の制度化については、「社会が変わってしまう課題だ」と国会で答弁しており、いまの政治の中枢にいる人たちの根底にある、希薄な人権意識とレベルの低い人権感覚が露呈しているようである。政権を担当する自民党の考え方の根底には、家族観や価値観、社会が世界的に変わりつつあることにほとんど目を向けることはなく、同性婚をめぐっては、復古的な家族観を押しつけようとする右派勢力、宗教勢力におもねるような立場に固執し、まずは「同性愛者」にたいする〝理解増進〟から始めようではないかとのきわめて低い人権感覚である。

6

日本国憲法第14条は、「すべて国民は、法の下に平等であって、人種、信条、性別、社会的身分又は門地により、政治的、経済的又は社会的関係において、差別されない」と定めている。そしていま、ＬＧＢＴＱの当事者にたいする差別について、法案に「差別してはならない」と明記することは、差別を社会的に許さないという規範を確立していくことでもある。それさえも法案に明記できないという日本の人権レベルが、国際的にも問われている問題でもある。

佐　賀　2023年3月13日

佐賀県が「条例」制定

（「解放新聞中央版」2023年4月5日付）

佐賀県が「条例」制定
交渉つみあげ実現

【佐賀支局】佐賀県は、3月13日に「全ての佐賀県民が一人一人の人権を共に認め合い、支え合う社会づくりを進める条例」を施行。「部落差別解消推進法」以降の県交渉で「推進法」具体化に向けた「条例」改正・制定を求めてきたが、昨年12月の交渉で「前向きに検討する」との回答を得ての今回の条例制定となった。制定によって「佐賀県人権の尊重に関する条例」（1998年施行）を廃止。

第1条で県、市町、県民に加えて新たに「事業者」の責務を定めた。また第7条で、差別、いじめ、虐待、プライバシーの侵害、誹謗中傷など、他人の権利利益を侵害する行為（インターネット上での行為もふくむ）を、「してはならない」と規定した。

人権侵害を受けたさいの相談体制については、第8条で新たに明記。県が相談者への助言、必要な情報の提供、関係機関への紹介などの支援をおこなうこととしている。第9条では人権侵害をおこなった人への助言・説示をおこなうほか、それらに従わない場合に、第12条で必要な措置を勧告し、人権侵害行為を公表することも規定した。

インターネット上の誹謗中傷については、第13条で、「防止するための教育・啓発にとりくむ」ことを明記するとともにネット上の差別情報の削除に向けた「必要な措置をおこなう」と明記した。県人権施策推進審議会を設置し、審議会に人権侵害行為に関する調査・審議をおこなう調整委員会を設置した。

制定後の3月20日に（2月2日の開催を延期して）とりくんだ県交渉では、坂本洋介・副知事が「条例の前文に県の決意を載せた。部落差別の解消に向けて条例を運用していき、これまで以上に教育・啓発に力を入れていく」と決意をのべた。

全国　2023年3月30日

「沖縄県差別のない社会づくり条例」制定

（「解放新聞中央版」2023年4月25日付）

沖縄県が人権条例を制定
不当な差別してはならぬと

「沖縄県差別のない社会づくり条例」が3月30日、沖縄県議会で可決、成立した。3月31日公布、4月1日施行（第11条、12条については10月1日施行）。県では「男女共同参画条例」や「障害のある人もない人も共に暮らしやすい社会づくり条例」といった個別の人権課題に対応する条例を制定・施行後も、全ての人の人権が尊重され、多様性を認め合い、誰一人取り残されることのない社会づくりを推進する包括的な人権尊重条例を制定し、とりくむ必要があるとしていた。

本条例は、第1条（目的）、第2条（定義）のつぎに、第3条（基本理念）で「全ての人が、個人として人格及び個性が尊重され、その尊厳にふさわしい生活を保障される権利を有すること」を踏まえ、何人も人種、国籍、信条、性別、性的指向、性自認、社会的身分、出身その他の事由を理由とする不当な差別をしてはならない」とし、「県、市町村、県民及び事業者」相互による「連携協力」を定める。第4条、5条、6条にそれぞれ「県の責務」「県民の責務」「事業者の責務」をおく。

第2章の第2節「不当な差別的言動に関する施策」の第8条から11条で、「インターネット上の」「県民であることを理由とする」「本邦外出身者等に対する」それぞれ「不当な差別的言動に関する施策」を、第3節では「性的指向又は性自認を理由とする不当な差別に関する施策」を定める。

第1章には「知事の諮問に応じて答申し、又は建議」（第14条2項）できる「沖縄県差別のない社会づくり審議会」に関する規定をおいている。さらに、第4章の雑則で第15条「財政上の措置」を定め、附則で施行後3年をめどとする見直し規定も定める。

滋　賀　2022年4月15日

「人権に関する県民意識調査」の分析報告書を公表

（「解放新聞滋賀版」2022年4月15日付）

33.6%!! 全国平均の約4倍!!

は9.9%と約1割弱という低さ!!

県が「人権に関する県民意識調査」の分析報告書を公表!!

成果と課題が明らかに、教育・啓発の取組をさらに推し進めていこう!!

県《けん》は5年《ねん》に一度《いちど》の「人権《じんけん》に関《かん》する県民意識調査《けんみんいしきちょうさ》」を行《おこな》った。今回《こんかい》の調査《ちょうさ》では国《くに》が「部落差別解消推進法《ぶらくさべつかいしょうすいしんほう》」第《だい》6条《じょう》に基《もと》づいて2019年《ねん》に実施《じっし》した「国民意識調査《こくみんいしきちょうさ》」の一部《いちぶ》の質問項目《しつもんこうもく》と同《おな》じ質問《しつもん》を取《と》り入《い》れた。その事《こと》により国《くに》〔全国《ぜんこく》〕との比較《ひかく》が可能《かのう》となった。

国《くに》が行《おこな》った「国民意識調査《こくみんいしきちょうさ》」は都道府県《とどうふけん》・市区町村《しくちょうそん》との比較《ひかく》ができるような制度設計《せいどせっけい》になっておらず、今日《こんにち》までの地方自治体《ちほうじちたい》の取組《とりくみ》と成果《せいか》を検証《けんしょう》することができないという問題点《もんだいてん》が存在《そんざい》していた。

部落解放同盟《ぶらくかいほうどうめい》はこれを克服《こくふく》するため国《くに》と同様《どうよう》の質問項目《しつもんこうもく》の意識調査《いしきちょうさ》を実施《じっし》するか既存《きぞん》の意識調査《いしきちょうさ》に国《くに》の調査項目《ちょうさこうもく》の一部《いちぶ》を追加挿入《ついかそうにゅう》することを要求《ようきゅう》してきた。

県《けん》では5年《ねん》に一度定期的《いちどていきてき》に意識調査《いしきちょうさ》を実施《じっし》し取組《とりくみ》の成果《せいか》と課題《かだい》を取《と》りまとめ県人権施策推進審議会《けんじんけんしさくすいしんしんぎかい》にも報告《ほうこく》され今後《こんご》の県行政《けんぎょうせい》の人権施策推進《じんけんしさくすいしん》の参考《さんこう》とされる。

私《わたし》たちもこの報告《ほうこく》から学《まな》び成果《せいか》と取組《とりく》むべき課題《かだい》を明《あき》らかにし「部落差別解消推進法《ぶらくさべつかいしょうすいしんほう》」具体化《ぐたいか》を推《お》し進《すす》めていこう!!

調査の概要

今回の調査は2021年9月22日から10月31日の期間に実施された。調査対象者は県内在住の18歳以上の者3000人で外国籍住民も含む。外国籍住民に対しては外国籍住民向けに優しい日本語に配慮して作成した調査票やポルトガル語、タガログ語、中国語、ベトナム語、英語の5か国語に翻訳した調査票を使用した。

調査方法は郵送又はオンライン調査のどちらかを調査対象者が選択して実施。

回答率は52・9%〔1560人〕となっている。

回答状況は65歳以上の高齢者の回答率が高く11%から15・3%となっている。逆に若年者〔39歳以下〕では5パーセント以下となっている。

男女別では女性の回答率が男性よりも10%ほど高いという傾向が明らかになった。

「部落差別解消推進法」の認知について

「部落差別解消推進法」第6条「部落差別にかかわる実態調査」に基づいて2019年に「国民意識調査」が国によって実施された。その調査において2016年12月に制定・施行された「部落差別解消推進法」の認知状況を聞いている。

「部落差別解消推進法」を「内容も含めて知っている」が8・7%、「名前は聞いたことがあるが内容までは知らない」が22・8%、「知らない」が67・6%であった。滋賀県を含む近畿ブロックでは「内容も含めて知っている」が10・7%、「名前は聞いたことがあるが内容までは知らない」が26・5%、「知らない」が61・9%であった。

今回滋賀県が実施した「人権に関する県民意識調査」に国の調査と同様に「部落差別解消推進法」の認知状況についての設問を設定した。その結果は「内

「部落差別解消推進法」の認知率は
その一方で「人権尊重の社会づくり条例」

容も含めて知っている」が33・6%、「名前は聞いたことがあるが内容までは知らない」が40・8%、「知らない」が24・5%となっている。国の調査の近畿ブロックと比較しても「内容も含めて知っている」が3倍近く多いことが明らかになった。

　この事からも2016年の「部落差別解消推進法」の施行以降、県及び市町の行政機関や県・市町の「人権教育推進協議会（人推協）」、滋賀県人権啓発企業連絡会（滋賀人企連）、部落解放・人権政策確立要求滋賀県実行委員会や地域実行委員会など様々な機関団体が「部落差別解消推進法」の周知徹底のため様々な媒体を活用した啓発の取組の成果が表れていると考えられる。

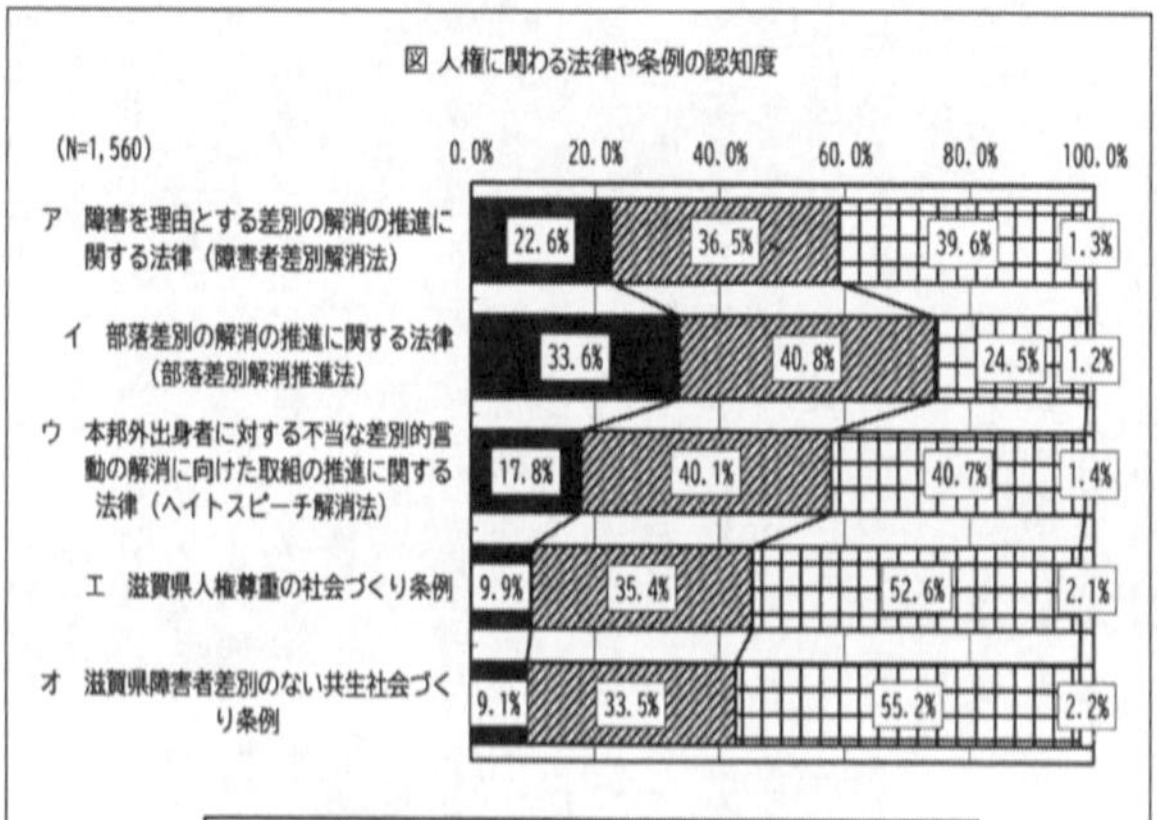

他の人権に関する法律の認知について

　2016年には「部落差別解消推進法」以外にも「障害者差別解消法」「ヘイトスピーチ解消法」の二つの「差別解消」に関する法律が施行された。

　これらの法律の認知状況についても今回の県民意識調査で調査している。

　「障害者差別解消法」については「内容も含めて知っている」が22・6%、「名前は聞いたことがあるが内容までは知らない」が36・5%、「知らない」が39・6%であった。

　「ヘイトスピーチ解消法」については「内容も含めて知っている」が17・8%、「名前は聞いたことがあるが内容までは知らない」が40・1%、「知らない」が40・7%であった。

　これら二つの差別解消法の認知率と「部落差別解消推進法」の認知率を比較すると「ヘイトスピーチ解消法」は約1／2、「障害者差別解消法」では約10%低いという結果が表れた。

　大津市には滋賀朝鮮初級学校がある。過去に滋賀朝鮮初級学校に対して度々ヘイトスピーチが行われた。また、通学する生徒たちへの嫌がらせやチマチョゴリ切り裂き事件、さらに、連帯・共闘する個人や団体に対してもヘイトスピーチが行われている現状がある。このような実態が存在しているにもかかわらず「ヘイトスピーチ解消法」の認知率は17・8%と「差別解消3法」の中では最も低い。この事は県・市町の取組の低さや私たちを含めた運動団体等民間での取組の弱さの反映でもある。

「障害者差別解消法」についても22・6%にとどまっている。「障害者差別」については様々な法整備や当事者団体による取組など多種多様な取組が全県的、全国的に長年にわたって行われてきた。にもかかわらず約2割強の認知率しかないのか分析する必要がある。

差別解消に関する法律の存在を「知っている」ことの意義として①「差別」の存在を認識することにつながる。②「差別」が国政の重要な取組むべき課題として位置づけられていることを認識する。③「差別」撤廃に向けた取組むべき課題が理解できる。などがあげられる。

そのためにも「部落差別解消推進法」と同様に他の差別解消のための法律についても積極的に啓発活動を強化する必要がある。

県条例の認知状況

滋賀県では2000年に「滋賀県人権尊重の社会づくり条例（県人権条例）」が制定施行されている。

また、「障害者差別解消法」を強化することを目的に「滋賀県障害者差別のない共生社会づくり条例（県共生社会条例）」が2019年に成立し同年10月から全面施行された。

この二つの条例の認知状況は「県人権条例」で「内容も含めて知っている」が9・9%、「名前は聞いたことがあるが内容までは知らない」が35・4%、「知らない」が52・6%であった。

「県共生社会条例」では「内容も含めて知っている」が9・1%、「名前は聞いたことがあるが内容までは知らない」が33・5%、「知らない」が55・2%であった。

二つの条例とも「知っている」が1割弱という極めて低い認知状況が明らかになった。

法律や条例は私たちの生活の場でどのように使われているかでその認知状況は大きく変わってくる。例えば「道路交通法」は自動車運転など日常社会に必要不可欠な活動に伴う法律のため多くの人がその法律の存在を知っている。また、飲酒運転による重大な事故や「あおり運転」による重大な事件が発生した場合は「道路交通法」の改正が論議され改正が実現している。つまり、飲酒運転やあおり運転による交通事故の深刻な被害の実態を多くの人が知っている、あるいは体験している現実があること。そして、これらの事故を防止するためには法の改正・罰則の強化が必要であるという認識が広く共有されているからである。

この事からこの二つの条例の認知度が低いということは私たちの生活の中にこの条例が生きていない（活用されていない）ことの反映である。

この事は県・市町の取組の弱さと同時に私たち運動団体の取組の弱さでもある。特に「滋賀県人権条例」制定に向けては部落解放同盟だけではなく各界各層の人たちの協働した長期的な取り組みが行われてきた。しかし、条例が制定されてからの取組は極めて弱くなってしまった。今後はこれらの条例を活用する取組を展開していくことが必要であることを示している。

戸籍謄本等不正取得事件

全　国　2023年2月5日

栃木県行政書士戸籍等不正取得事件

（「解放新聞中央版」2023年2月5日付）

戸籍不正取得の新たな手口

栃木県行政書士戸籍等不正取得事件についての片岡副委員長の寄稿「戸籍不正取得の新たな手口ー不正防止のために「被害告知」にとりくもうー」を掲載する。

副委員長　**片岡　明幸**

はじめに

2021年8月、栃木県の行政書士による戸籍等の不正取得事件が新聞で報道された。その後、全国47都道府県すべてで3500件余りが取られており、事件には55の興信所・探偵社が関与していたことがわかった。事件の規模からいえば、「部落地名総鑑」事件、アイビー・リック社事件、プライム事件につぐ大規模な事件である。

部落解放同盟は、それが被差別部落の身元調査のために使われていた可能性が高いことから真相究明をすすめる一方、個人情報保護と人権擁護の観点から関係市町村に不正に取られた人（＝被取得者）に「被害告知」をおこなうよう要請した。しかし、ほとんどの自治体はいまだに被害告知をおこなっていない。現在の各自治体の要綱等では、法務局か都道府県から不正取得があったという通知がこない限り、市区町村は通知できないというのがその理由である。

ところが2021年10月、このような閉塞状況を突き破るとりくみが京都でおこなわれた。京都府内の市町村が、疎明資料（「6」参照）の提出による不正の確認と、それにもとづいた被害通知をおこなう措置に踏み切ったのである。そこで事件の経過と京都のとりくみを紹介したい。

1、不正取得事件の経過

事件の経過を簡単に追ってみる。不正取得事件は2021年8月4日に兵庫県警が岩崎一郎を逮捕したことで発覚した。ある女性の母親が、娘の婚約相手の男性の身元を調べるために関西の興信所に身元調査を依頼したことが男性にわかり、男性が市役所に照会した結果、栃木県の行政書士が自分の戸籍を取っていることが判明した。男性は警察に訴え出て、兵庫県警が調査した結果、不正な取得であることが判明したため岩崎を逮捕した。――これが経過である。

2、事件の特徴

この事件にはいくつかの特徴がある。

一つには、ネット時代の戸籍等不正取得事件である。岩崎は、インターネットを通じて全国の調査会社に「戸籍を取ってあげます」という趣旨の営業をかけ、彼のもとに全国から依頼が殺到した。調査会社との取引も、メールなどネットを使っておこなっている。彼は、6年間に9千万円を稼いでいる。

二つには、巧妙な手口を使った不正取得事件である。岩崎は、興信所や探偵社はあくまでも依頼者からの依頼を取りついだだけの事務代行であるように装った。しかし、実態は調査会社の依頼にもとづいた不正取得以外の何ものでもない。この点は、このあと、くわしく説明する。

三つには、根強い身元調査を暴露した事件である。裏付けは十分ではないが、不正取得された戸籍等が身元調査に使われている可能性が高い。直接の逮捕につながった姫路市の事件では、明らかに結婚相手の身元調査に利用されている。

3、直接取引を装った新たな手口

今回の事件は、巧妙な方法によって不正取得を正当化しようとする新たな手口の不正事件である。

手口の一つは、依頼者との直接的な取引関係の偽装である。

岩崎は、まず、わざわざ、①調査会社にたいして「調査会社様からの直接のご依頼はお受けできません」とメールで断りを入れている。そのうえで、②自分の作成した「専用申込書」に「依頼者」と戸籍謄本等を取る「相手」の氏名や生年月日、住所等を書き込ませ、依頼者からの直接の依頼であるかのような形式を整えている。しかし、実態は調査会社との単純な取引である。報酬も調査会社が直接岩崎に振り込んでいる。

もう一つは、「内容証明書の原案作成」に関連付けて戸籍等の取得を正当化していることである。

岩崎は、行政書士が受任できる遺言書の作成や遺産分割協議書、金銭の貸し借りにともなう損害賠償請求などの内容証明書作成の依頼を受けたように装い、その原案作成のためと称して職務上請求書を使っている。じっさい、申込書の見出しも「内容証明原案作成等必要書類の作成（住民票等取得代行込み）依頼」としている。しかし考えてみて、借金の催促や不貞行為の慰謝料請求、財産相続など内容証明書の原案作成をどうして興信所や探偵社に頼む必要があるのだ。

いっぽう、興信所や探偵社も不正取得を承知のうえで依頼文章をねつ造して話を合わせている。調査会社も、形式的に「取り次ぎ」であるように見せかければいいことを十分に承知しており、架空の依頼者や依頼内容をねつ造した「申込書」を岩崎に送る。調査会社と岩崎は、お互いにウソを承知で形式上は直接の取引をしていないように装って不正取得を正当化する共同正犯である。『西日本新聞』や『文藝春秋』の記事では、岩崎も調査会社もお互いに「騙された」といっているが、まことにキツネとタヌキのだまし合いだ。

4、「行政書士法」にもとづいた書士会の内規違反

岩崎は不正ではないと言い張っているが、違法の根拠は2点ある。

1点めは、顧客と直接契約を義務付けた行政書士会の内規に違反していることである。行政書士会は、「行政書士法」にもとづいて、行政書士は客から直接依頼を受けて、顧客との間で受任契約することを義務付けている。しかし岩崎はそれをやっていない。ちなみに埼玉県行政書士会の「職務上請求書を適正使用するための『三つの原則』の2番めには「本人からの直接依頼があり、且つ本人確認をおこなったうえで受任したものであること」とある。

2点めは、調査会社からの依頼禁止をうたった行政書士会の内規に違反していることである。行政書士会は、不正取得防止のガイドラインを作成しているが、「興信所等の調査会社の依頼により、職務上請求書を使用して第三者の戸籍謄本・住民票の写し等を入手することは、不正使用に該当するので、絶対に依頼に応じてはならない」（日本行政書士会「職務上請求書の取り扱いに関するガイドライン」2018年改訂）と強調している。

5、事件にかかわる問題点

この事件では、まだいろいろ不明な点や課題も残されている。以下、おもな問題点をあげてみたい。

(1)事件の真相解明

1点めは、取られた戸籍等が何に使われたのかがわからない。身元調査に使われていると思うが、推測の域を出ない。兵庫県警も起訴した姫路の1件以外は調べていないし、岩崎は関係書類を全部破棄してしまっている。また、55の興信所・探偵社がどこの都道府県の調査会社なのかもわからない。

いっぽう、岩崎は、新聞社の取材にたいして自分にやり方を教えてくれた指南役がいて、指南役に「約500万円を送金した」（『西日本新聞』22年7月30日）と話しているが、本当にいたのかどうか。行政書士になったばかりの岩崎が、こんな手の込んだ手口をみずから開発したとは思えない。

(2)事務代行(取り次ぎ)の法的適合性の問題

2点めは「取り次ぎ」の法的適合性の問題である。

この事件で栃木県は岩崎を2年間の業務停止処分にしている。その理由は「職務上請求書を使用し、偽りその他の不正の手段により、戸籍謄本等の交付を受けたこと」のほか、「調査会社を経由して受任した業務に関し、調査目的に使用される恐れが高いにもかかわらず、調査目的に使用されないことを確認せずに、職務上請求書を使用して得た情報を提供したこと」（22年1月17日・栃木県経営管理部文書学事課長・通知）としている。

これでいくと、栃木県は調査会社を経由して受任しても「調査目的に使用されないことを確認」すれば違法ではない、受任すること

ができると解釈していることになるが、この栃木県の処分理由の適法性の問題である。すでにのべたとおり、行政書士会の内規では、興信所等の調査会社からの依頼は「絶対に応じてはならない」としている行政書士会の見解と真っ向から対立する。もし栃木県の解釈が正当だということになれば、調査会社からの依頼を受けても「調査目的に使用されないことを確認」すればいいことになる。しかし、それでは不正取得にお墨付きを与えるようなものではないか。

(3) 被害告知ができていない問題

3点めの問題点は、全国の自治体がいまだに被取得者に被害告知をしていないことである。今回の事件に関連して、ほとんどの自治体は、いまだに被害告知をおこなっていない。いったい何のために本人通知制度、被害告知制度をつくったのかといいたい。

(4) 興信所・探偵社への責任追及

4点めは、興信所・探偵社への責任追及である。岩崎を逮捕した兵庫県警の発表では、今回の事件では55の調査会社が岩崎に依頼していたことがわかっているが、いまのところ1社も摘発されていない。「探偵業法」第9条には「調査の結果が犯罪行為、違法な差別的取扱いその他の違法な行為のために用いられることを知ったときは、当該探偵業務を行ってはならない。」とあるが、調査会社はなんらのとがめも受けないのはおかしいではないか。

6、京都の疎明資料請求による不正確認と被害告知

最後に京都府内の市町がおこなった疎明資料請求による被害告知の方法を紹介する。ここでの疎明資料とは、岩崎の職務上請求書による戸籍等の交付請求が正当かどうかを確認する資料で、具体的には、①依頼者が確認できる資料、②依頼が正当であることが確認できる資料ということになる。

(1) 疎明資料による判断

京都府では10市町が関係しているが、代表して京都市のとりくみを紹介する。

京都市は岩崎にたいして「正当な請求であったことを確認する必要がありますので、当該請求に関する疎明資料を添付のうえ、○年○月○日までに回答書を提出してください。」と回答を求める通知を出した。岩崎は資料を提出してきたが、資料は、前述のような「誓約書」や「申込書」などであった。

これにたいして京都市を含めた関係市町村は、①依頼者が調査会社の場合、②戸籍等の送付先が調査会社であった場合、また③依頼者が確認できなかった場合など、提出された疎明資料を総合的に検討のうえ、不正な請求である可能性を否定できないと判断して、被害告知に踏み切った。また、疎明資料の提出がない場合は、不正の蓋然性が高いと判断して被害告知した。

(2) 被取得者への被害告知

こうして京都府内10市町は、合計59件のうち50件に被害を通知した。そのうちもっとも件数が多い京都市の場合を見ると、京都市は、32件すべてを「不正の蓋然性が高い」と判断して被害告知した。ただし、32件の

うち重複している人、および被取得者がすでに死亡している人が計7件あるので、通知した実数は25人となる。

この25人のうち、22人が通知を受け取って区役所に問い合わせをしている。電話の問い合わせが11人で、直接区役所に来て面談で説明を受けた人が11人である。また22人のうち17人が請求理由に「心当たりがない」と市に話している。推測の域は出ないが、この17件が身元調査などに使用されている可能性が高い。じっさい、17件のうち2件は「つきまとい」の被害を受けたことがある、1件は「差出人不明の郵便物が届いた」ことがあると話をしている。やはり、取られた戸籍などが、つきまといや差出人不明の郵便物の送付などの犯罪行為や身元調査などに使われているのである。

おわりに

今回の不正取得事件は、まだ解明されていない部分もあるが、新たな手口の不正取得事件である。もしこのままこの事件をうやむやにしてしまうのなら、今後さらに戸籍等の不正取得による身元調査を許すことになってしまう。いま必要なことは、できる限り真相を究明することであり、そのために被取得者への被害告知をおこなうことである。

今回、京都のとりくみを紹介したが、事件の真相究明と不正防止のために、全国の関係市町村はぜひ「京都方式」を参照にして被害告知のとりくみをすすめてほしい。

全国　2023年5月11日

戸籍不正取得事件の真相究明と再発防止に向けて

（「解放新聞中央版」2023年6月15日付）

真相究明と再発防止に向けて

日本行政書士会連合会と話し合い

栃木県行政書士による戸籍謄本などの不正取得事件について5月11日午後、東京都内で、日本行政書士会連合会（日行連）との意見交換をおこなった。中央本部から西島委員長、片岡副委員長、大西中執、日行連から松村和人・副会長、金沢和則・専務理事、宮本重則・総務部長をはじめ関係職員が出席した。

　西島委員長が「この事件はきわめて深刻な事案。日行連など関係者のこれまでの努力にもかかわらず、不正取得事件がまた発覚した。

　再発防止のためにも、真相究明に全力をあげてもらいたい」と要請。松村副会長も「深刻に受けとめている。再発防止にしっかりととりくむ」とあいさつした。

　片岡副委員長がこの間の同盟のとりくみを説明。とくに京都市など京都府内の自治体による疎明資料請求について詳しく報告、「誓約書」や「専用申込書」を使用して、調査会社からの依頼ではないようにするなどの巧妙なやり方をしていることを強調した。松村副会長がこれまでの日行連の再発防止に向けたとりくみを報告。全国統一の倫理研修を義務づけるとともに、5年に1度受講しないと職務上請求書の払い出しができないことや、総務省、法務省からの指摘を受け、都道府県ごとだった払い出し業務は、担当役員や取り扱い責任者を設置、チェック体制も統一化したことなどを説明した。

　同盟側から、巧妙な手口による不正事件には「指南役」の存在があり、業界全体で真相究明と再発防止策をしっかりすすめることが重要であると厳しく指摘。

　さらに、栃木県が発表した処分理由では、結果として調査会社による差別身元調査を容認するような不十分な内容になっており、日行連として、あらためて声明を出す必要があることや、直接、本人への事情聴取をおこなうべきであることを強く要請した。

神奈川　2022年7月22日

興信所からの依頼はすべて不正使用

（「解放新聞神奈川版」2022年8月25日付）

栃木県行政書士戸籍謄本等不正取得事件
解放同盟県連、県行政書士会と意見交換

興信所からの依頼はすべて不正使用

7月22日、部落解放同盟神奈川県連は、栃木県行政書士戸籍謄本等大量不正取得事件に関連して、神奈川県行政書士会を訪れ、意見交換を行なった。県行政書士会から、谷川純一常務理事事務局長が、県連は根本信一委員長と大浜信宏事務局員が出席した。

谷川事務局長は、日本行政書士会の「戸籍謄本・住民票の写し等職務上請求書取扱いに関するガイドライン」をもとに「行政書士は、職務上請求書を用いる場合、このガイドラインに従うことになっている」、特に「興信所等の調査会社の依頼により、職務上請求書を使用し第三者の戸籍謄本・住民票の写し等を入手することは、不正使用に該当する」と明記していると述べた。さらに、「行政書士が戸籍謄本などの請求をする場合、本人が依頼しているかどうかを確認している」との説明があった。

根本委員長は、「結婚差別は今も続いている根深い問題だ。戸籍謄本・住民票の写し等の不正取得の背景には、結婚相手が被差別部落出身者かどうかを、興信所などを通して調べる『身元調査』の問題がある。部落解放同盟は、再発防止に向けて、本人以外の第三者が戸籍謄本等を取得した場合、本人に通知する『本人通知制度』の実施を全国的に求めている」と訴え、また神奈川県行政書士会での人権研修に力を入れてほしいと要望した。

日本行政書士会連合会保管は
神奈川県で18市町１６５件

栃木県の行政書士による戸籍謄本等不正取得事件の真相を究明するために、部落解放同盟中央本部は、今年1月31日、日本行政書士会連合会と話し合いを行なった（「神奈川版」第４３８号既報）。

これを受けて、同連合会が保管している栃木県の行政書士の使用した職務上請求書の控えについて、市町村別の件数を明らかにした。

その結果、全国で２５４２件、神奈川県内では18市町、１６５件あることが判明した。すべて調査会社からの依頼であり、不正取得であることも明らかとなった。

	開示による調査結果	行政書士会調査結果
横浜市	38	58
川崎市	13	23
相模原市	4	8
横須賀市	5	5
平塚市	4	6
鎌倉市	2	4
藤沢市	拒否	19
小田原市	9	10
茅ヶ崎市	10	9
逗子市	2	2
秦野市	1	2
大和市	4	7
伊勢原市	1	2
綾瀬市	1	1
葉山町	4	4
寒川町	0	1
山北町	2	2
開成町	0	2
18市町計	100	165

栃木県行政書士戸籍謄本等取得件数
神奈川県連の情報開示請求による調査結果（左欄）
日本行政書士会連合会保管の件数（5年分）（右欄）
藤沢市は、情報開示条例により開示拒否
その他の市町村はなし。

大阪　2022年9月20日

戸籍不正取得事件をふまえ質問状

（「解放新聞中央版」2022年11月15日付）

大阪府連が事件ふまえ 8士業団体に質問状

戸籍不正取得

【大阪支局】昨年8月に発覚した栃木県宇都宮市の行政書士による戸籍などの不正取得事件をふまえて府連は9月から10月にかけて弁護士会、行政書士会など8つの士業団体にたいして質問状を送付し、意見交換を求める行動にとりくんだ。

この事件で大阪府内では296件の戸籍謄本・住民票などを取得していることがわかった。しかし手続き上は正規の職務上請求書を用いていることから「不正取得」の疑いを当事者に告知することすらできない実情が明らかになった。

府連では、すべての本人に告知する「第三者請求に係る本人通知制度（仮称）」（全通知制度）の創設を求めており、利害関係者である8士業団体と意見交換をおこなうことで「自己情報コントロール権」の保障に向けた政策提案にとりくんでいくことが目的。

府連の役員を中心に9月20日に大阪司法書士会、大阪府社会保険労務士会、22日に大阪土地家屋調査士会、大阪府行政書士会、10月19日に大阪弁護士会を訪れ、意見交換をおこなった。

京　都　2022年11月15日

戸籍等不正請求事件被害者へ告知

（「解放新聞京都版」2022年11月15日付）

府内の8市が被害者へ告知

行政書士戸籍等不正請求事件

職務上請求があった12市町での告知状況	
京都市	32件あり、すべて本人告知を実施した。
福知山市	6件中、4件について本人告知を実施した。
舞鶴市	4件あり、すべて本人告知を実施した。
綾部市	1人に対し2件。告知して本人と面談。
宇治市	1家族に対して4件。告知して開示請求に対応。
城陽市	1件あり、本人告知を実施した。
向日市	3件あったが、不正請求ではないと判断。
長岡京市	1件あり、本人告知を実施した。
京田辺市	1件あったが、不正請求ではないと判断。
京丹後市	1件あったが、不正請求ではないと判断。
木津川市	2件あり、すべて本人告知を実施。
与謝野町	2件あったが、不正請求ではないと判断。

行政書士による戸籍不正請求事件について、京都府内の経過を報告する。栃木県の岩崎一郎行政書士が戸籍情報を不正に入手したとして、戸籍法違反などの容疑で2021年8月に逮捕された事件で、府内の全市町村に岩崎行政書士名の職務上請求書の開示請求がおこなわれ、59件を確認。8市が被害者へ告知した。（表参照）

京都市では、32件の請求があった。行政書士に文書で説明を求めたが、すべて探偵事務所からの依頼で、戸籍情報などを必要とする人物との接触はできなかった。行政書士が逮捕されている状況から不正の蓋然《がいぜん》性が高いと判断。面談や訪問、電話などで被害者へ告知した。一部の被害者は事前登録型本人通知の申請をおこなった。

福知山市では請求が6件あった。うち2件は不正と認められなかったが、4件については被害者に告知した。

宇治市では4件の請求すべてが1家族に対するものだった。告知したところ開示請求があり、行政書士からの請求内容の開示をした。

綾部市では2件請求があったが、1人に対するものだった。本人と面談して事情を説明したが、心あたりはないとのこと。

舞鶴市でも、4件の請求があり、本人に面談や電話での告知や説明をおこなった。

この問題に詳しい部落解放・人権研究所の業務執行理事の川口泰司さんに話を聞くと、「戸籍を取られた人に告知しないと、被害があったかどうかわからない。そのため、不正請求の可能性があった場合は不正であったかどうかにかかわらず、告知の必要がある。また、事前登録型本人通知制度が抑止力となる。制度を市民に広く周知し、全国で導入できていない自治体でもすすめるべき」と強調した。

北陸　2022年9月8日

行政書士が戸籍不正取得

（「解放新聞中央版」2022年11月15日付）

本人通知制度で発覚 行政書士が戸籍不正取得

金沢市

【北陸支局】石川県金沢市に事務所を持つK行政書士が、戸籍謄本を不正取得し、7月16日付けで石川県行政書士会から6か月の会員権利の停止処分を受けた問題で9月8日、北陸事務所は石川県、金沢市に要請をおこなった。本人通知制度で発覚した事案。

県にたいしては、本人通知制度の導入が15市町のうち3市にとどまっている点を指摘し、今回の事案を示して未導入の市町への働きかけを強めるよう求めた。また、県が所管する石川県行政書士会への指導状況を後日に説明するよう求めた。

金沢市にたいしては、すでに導入している被害告知型の本人通知制度の運用状況と事前登録型への移行に向けた現況について後日に説明するよう求めた。

この事案は、愛知県在住の女性が居住地で本人通知制度に登録していたことで、みずからの戸籍が取得された事実を知り発覚したもの。

この女性の元夫の交際相手（いずれも愛知県在住）が、男性の離婚歴や子どもの有無の調査をKに依頼。Kが男性の元妻の戸籍謄本を取得し、本人通知制度で元妻の女性本人が気づいた。

県行政書士会はKの戸籍取得が職務上必要な請求と認められないとして処分していた。

なお、調査を依頼した愛知県在住の女性が、なぜ金沢市のKに調査を依頼したのかは明らかになっていない。

埼　玉　2023年2月15日

戸籍不正取得の行政書士に業務禁止処分

（「解放新聞中央版」2023年4月15日付）

戸籍不正取得で県が処分

行政書士に業務禁止3年間

埼玉県

【埼玉支局】職務上請求書の業務外使用などの違反行為で、埼玉県が1月にさいたま市内のN行政書士を3年間の業務禁止の懲戒処分にしたと発表した事件について、埼玉県連は2月15日、埼玉県行政書士会、埼玉県市町村課それぞれと話し合いをおこなった。県連からは片岡明幸・委員長、小野寺一規・書記長、藤田源市・執行委員が出席した。

さいたま市・県行政書士会館でおこなわれた県行政書士会との話し合いには、木田亮・副会長、増田智光・総務部長らが出席した。事件について行政書士会は、「当会がおこなっている職務上請求書の点検作業で、N会員の不適切な使用が発覚したために、21年10月に6か月の権利停止処分をおこなった」「今回の県知事の処分は、当会の処分を端緒として県が立ち入り調査をおこなったうえでなされたもの」と説明。「今後、あらゆる機会を通じて再発防止に努めたい」とのべた。また、「今年度から職務上請求書の使用等に関連した一般倫理研修の受講を義務づけ、受講しないと、今後は職務上請求書を購入できないばかりか、処分の対象になる可能性もある」と説明した。

埼玉会館でおこなわれた県との話し合いで、市町村課は「文書による調査を4回、立ち入り調査を2回実施して事実関係を調べた」「業務外の使用や不適切な記載使用など処分の対象になる職務上請求書の使用は6件で23通あったために処分した」と経過を説明。6件の事案について、依頼者（匿名）と依頼内容、違反事項などを細かく説明した。また、関係都府県に処分の通知を出したと報告した。

県連からの「身元調査に使われたとのケースがなかったか」との質問には「身元調査に使用したケースは認められなかった」と報告した。

片岡委員長は「栃木県の行政書士が大量に不正取得した事件があったが、埼玉でも不正取得が見つかったことは残念だ。報告のなかには、依頼とは関係のない親族などの戸籍をとるなど身元調査が疑われるようなケースがあるので、さらに究明したい」とのべた。

土地差別調査事件

大　阪　2022年2月28日

大阪の建設会社が同和地区問い合わせ

（「解放新聞大阪版」2022年11月5日付）

「同和地区かどうか」
奈良県田原本町に問い合わせ
大阪の建設会社

大阪に本店を置くZ建設会社の女性社員Aが奈良県田原本町へ電話をかけて、同和地区かどうか問い合わせた事件が発覚した。

今年2月28日にZ建設会社の女性社員Aが奈良県田原本町に電話をかけ「田原本町の●●（地区名、住所）は同和地区かどうか教えてもらえますか」と問い合わせた。担当職員が不在のため折り返し連絡すると伝えるとAは「顧客が田原本町に土地を買おうとしている」と会社名、姓、携帯番号を伝えた。

その後、同町総務課長がかけたが電車内のため、Aから折り返し電話がはいる。

Aはふたたび「●●地区及び●●地区ならびにその周辺は同和地区ですか」と問い合わせた。

課長は問い合わせが人権侵害であり、差別事案であると伝えるとAは「顧客から聞かれましたので…」とこたえた。課長は「顧客の方へも同和地区問い合わせは人権侵害であり、差別事象であることをはっきりとお伝えください。今後このような問い合わせは絶対にやめていただき社内の人権教育を徹底してください」と伝えAは「わかりました」と電話を切った。

同町は差別事件の事案を町内関係機関や県や奈良県連と共有し、問い合わせから一月後の3月28日にAの携帯番号に連絡して上司と共に同町での事情の説明を求めた。その後すぐに上司Bから電話が入り、「Aは新人でこの度の件は個人の失言であり会社とは関係ない。この話を聞いて指導した。会社にはコンプライアンス担当部門はあるが人権担当部門はなくとりくんでいない」などとのべた。

さらにAから電話が入り、同町で一人暮らしを考えているがネットで調べても限界があり顧客から聞かれたことにして役場へ聞けば教えてもらいやすいのではと考え問い合わせたとし、「仕事とは全く関係ない」などとのべた。課長は再度来庁して説明を求め、Aは考えるとこたえた。

その後連絡がないので4月6日に同町課長がZ社へ電話し、コンプライアンス担当部局へ取次ぎを求めたが電話は上司Bにつながり、「本人の責任で会社にはなんの関係もない」とし、その後Aからかかってきた電話では「今回の問い合わせは自分自身の責任なので会社には連絡しないでもらいたい」、「会社では女性だからなめられる」など話したため課長は来庁を求めた。

その後Aの電話に数日に分けて3回かけたが出ず、折り返し電話もなかった。

A、Bはその後、今回の件を本店長へ「個人目的で土地情報を得るために会社名をつかった」と虚偽の報告をおこない会社として対応する必要はないと判断していた。

Z社が大阪にあることから同町は奈良県、奈良県連、大阪府連、大阪府などとともに7月26日に対策会議を開催。大阪府では「部落差別事象に係る調査等の規制等に関する条例」があるが府内の同和地区問い合わせは適用対象となるが府内の会社が府外への問い合わせは対象とならない。Z社は宅地建物取引業法を取得していることから県から指導、助言勧告ができることからとりくむこととなった。

8月2日に同町がZ社の東京本社管理本部人事部へ電話連絡したことで会社が事件を初めて把握。やりとりを重ね、今回の行為について会社側、A、Bからの謝罪文が同町に提出された。

虚偽報告で隠ぺい図る
本社役員出席し意見交換

10月5日、田原本町青垣生涯学習センターで意見交換会がひらかれ、田原本町、奈良県、奈良県連の伊藤満委員長、坂本憲秀書記長、田中清貴書記次長、大阪府連の高橋定書記長、Z社からは東京本社の取締役専務執行役員と人事部長、大阪本店長らが出席した。Aと上司Bは出席せず謝罪文を提出した。

Z社は不動産業務も営み宅建業の国土交通省大臣免許を取得している。大阪支店では年間15、6件程度の建設を請け負っていた。

確認の中でAは、会社で売出土地の場所が同和地区かどうかを知りたいと単独で判断し問い合わせた。同町へ問い合わせる前に関連不動産会社へも問い合わせ、コンプライアンス上こたえられないと断られていた。

Aは小学生の時に「同和地区から引っ越ししてきたと噂されていた人物」の印象から、「同和地区は怖い」との意識を持つ。Aは新人というBの発言もウソだった。

本社の取締役専務執行役員は社内において事情聴取をおこない、問い合わせの目的が建設工事受注に関する情報取得であることを認め、隠ぺいをおこなっていた事実を謝罪した。大阪本店長は「会社として対応を検討指示することなく放置してしまった。私の監督義務違反である」とのべた。

意見交換会では、これまでの経緯と、Aの聞き取り内容、会社側の謝罪と見解、再発防止策について報告があった。Z社は公正採用選考人権推進員を設置せず、人権研修にとりくんでこなかった。今後とりくんでいくことを約束した。これまでの経緯や当該社員の発言に食い違いがあることから、改めて再質問をおこなうことを確認した。

高橋書記長は当該の2人の社員について「処分・人事異動ではなく、部落差別をなくす側の指導者として活躍してほしい」と伝えた。

京都 二〇二二年六月二二日

京田辺市への同和地区問い合わせ電話

（京都府連調べ）

二〇二二年六月二二日、京田辺市人権啓発推進課に女性から「京田辺市に家を買いたいが、被差別部落かどうか知りたい」という電話があった。

女性は「京田辺市の●●で家を購入したいのですが、そこが部落かどうか教えて欲しいです」と問い合わせた。職員がなぜそのようなことが知りたいか聞くと、「家の価格が余りに安かったので、治安のことなどが気になりました」との返答だった。答えることができない旨を伝えると、「では、どこに聞けば教えてくれるのですか」と聞き返したため、どこに聞いても回答はないと伝えた。すると女性は「分かりました。失礼します」と電話を切った。

福岡 二〇二二年七月一九日

糸島市での同和地区問い合わせ

（福岡県連調べ）

二〇二二年七月一九日、糸島市の出先施設で「糸島に引っ越したいが、どこが同和地区なのか。どうしたらわかるか」「人権センターとかあるが、対応は同じか？」との問い合わせがあった。

福岡 二〇二二年九月二日

宮若市役所への同和地区問い合わせ電話

（福岡県連調べ）

二〇二二年九月二日、宮若市役所に住宅の払い下げにかかわって「ここはどういった土地柄か？人が住みたくないと思うような場所か？」と電話があった。

鳥取 二〇二二年一〇月一八日

鳥取市役所への同和地区問い合わせ電話

（鳥取県連調べ）

二〇二二年一〇月一八日、鳥取市役所鹿野総合支所に男性から「同和のことがわかる人に」という電話があり、市民福祉課の人権教育推進員が対応した。

男性：同和のことを言うのは、今はいけないことだけど。子どもの結婚のことで聞きたい。鹿野の●●●のところを左に曲がって、「●●●」という店がある。その先に住宅がある。●●町というところだ。

職員：●●住宅のあるところですか？

男性：そうだと思う。そこは同和地区か？

職員：そのようなことはお答えできません。

男性：子どもの結婚のことだから、知っておかないといけない。

職員：結婚は両者の合意でするものだから、そのようなことはお答えできない。結婚相手の身元を調査することは、プライバシー侵害という許されない人権侵害につながります。

男性：だから同和のことを言うのはと、はじめから断って言ってるのではないか。それで聞いているのだから。他の人に聞けばすぐわかることなのに、どうして教えてくれないのか。

職員：そのようなこと（身元調査）をすると、差別がなくならず広がっていくことにつながります。答えることはできません。

男性：それなら相手の親が殺人をしていたりしたらどうするのだ。結婚してから、後でわかったらどうする？（正確にしゃべった言葉通りではないが、このような内容であった）

職員：結婚は本人同士の合意でするもの。生まれや家庭環境で差別することは許されない。

男性：結婚ということだぞ。これから身内になる者のことを知って何が悪い。（このようなことをしゃべった後、一方的に電話を切った）

福岡　二〇二三年一月一三日

不動産会社への同和地区問い合わせ

（福岡県連調べ）

二〇二三年一月一三日、福岡市の不動産会社に、筑紫野市桜台の物件について「インターネットで検索すると同和地区であるとの情報を見かけました。ここは同和地区ですか？」という問い合わせがあった。

福岡　二〇二三年一月一三日

太宰府市役所への同和地区問い合わせ

（福岡県連調べ）

二〇二三年一月一三日、太宰府市役所に分譲予定している物件について「インターネットで検索すると同和地区であるとの情報を見かけました。ここは同和地区ですか？」という問い合わせがあった。

福岡　二〇二三年一月二四日

筑紫野市役所への同和地区問い合わせ

（福岡県連調べ）

二〇二三年一月二四日、筑紫野市役所の窓口で、不動産業者と名乗る男性が「二日市で開発を考えている。二日市で開発を行うと、人権団体からお金を求められると聞いた。そのような事実はあったのか」「設計士がそのようなことを話していた」と発言した。

差別投書・落書き・電話

大 阪　2022年7月28日

差別投書、落書きが多発

（「解放新聞大阪版」2022年9月25日付）

差別投書、落書きが多発

飛鳥・日之出・南方が要請

2021年度東淀川区内において差別事象が多発していることから、飛鳥・日之出・南方支部の要請により「意見交換会」が7月28日区役所でひらかれ、3支部の代表5人、区役所地域課長ら4人、人権啓発相談センター代表が参加した。

区内における差別事象は前年は6件だが、21年度には17件と多発している状況を踏まえ区をはじめ参加組織が危機感をもって対応する必要性を訴えた。

傾向として、区役所の「ご意見箱」を利用した投書（部落差別6件、朝鮮人差別1件）のうち5件、また阪急の駅の女子トイレにおける差別落書き（女性差別）5件、環境局職員への差別手紙2件などの事象について、筆跡などからそれぞれ同一人物が執拗に差別行為を繰り返していると予想される。

区役所の「ご意見箱」付近に監視カメラの活用や、同じ駅のトイレに「落書きの問題点を記した文章を貼ってはどうか」などの意見が出されたが、いずれも今後の検討課題となった。相談センターからの助言を受け、差別落書きは「器物破損罪」になるので、今後警察に告発することを含め区が阪急と協議することを確認した。

ご意見箱の今年度の投書の1件は、朝鮮人多住地域への偏見をもった内容だったので、人権啓発推進委員や区人権推進委員会などにこの問題を提起するとともに、教職員の研修など学校教育の題材として活用するよう要望することを決めた。

しかし今年度になっても駅女子トイレの落書きや「ご意見箱」への差別投書が続いている中で、支部からは区が総力をあげてとりくむことが要請され、区や市の人権問題担当者と関係支部との連携を深め、区における人権啓発活動のいっそうの充実を確認して意見交換会を終えた。

広島　2022年10月24日

広島・岡山で差別投書

（「解放新聞中央版」2023年4月5日付）

広島・岡山で差別投書
脅迫の文言も

【広島支局】昨年10月24日、尾道市大田ふれあい館に差別投書が送りつけられてきた。宛先は旧名称の「大田解放会館」だった。内容は、「ヨツ・ヒニン　人間ではない　ヨツ　死ネ」「犬・ネコにもおとるヨツ」と被差別部落を侮辱する「ヨツ」という表現を用いるなど差別意識をむき出しに、「いつでもコロシたる」と脅迫の文言もあった。

差別投書のひどさに驚いた同館の館長は市人権男女共同参画課に連絡。同課は部長に報告するとともに部落解放同盟尾道市協と連携し、法務局尾道支局にも報告した。

封書には尾道市に実在する人物の名前と住所が書かれていたため、広島法務局人権擁護部2課と尾道支局が本人を訪ねて事実関係を確認したところ、「そんなことはしていない」ということで名前が騙《かた》られたことが明らかになった。

また、11月24日には、部落解放同盟岡山県連からの連絡で、岡山県連にも、ほぼ同一の筆跡による差別・脅迫投書が送りつけられてきたことがわかった。差出人の消印は、大田ふれあい館宛てが広島、岡山県連宛てが呉になっており、異なっていた。

尾道市は12月13日に尾道警察署に被害届を出した。

今回の事件について岡田英治・県連委員長は「部落への反感と憎悪、差別意識をむき出しにしたもので許せない。脅迫もしている。差出人の名前を騙っていることも卑劣だ。改めて差別の現実の厳しさを確認し、部落差別根絶に向けたとりくみを運動、行政が一体となってとりくまなければならない。市、法務局、警察の姿勢が問われる事件にもなる」とのべた。

差別投書の全文

ブラクミンのバカタレドモ
ヨツ・ヒニン　人間ではない　ヨツ
死ネ犬・ネコにもおとるヨツ
オレのクソでもくっていろ
すこしは人間に近ずくかも
きたないクソよつ
日本のハジだよつ　シネ
いつでもコロシたる　来い
TELをしてこい　よつ

京都　二〇二二年四月二九日

南丹市ホームページのチャット問い合わせでの差別書き込み

（京都府連調べ）

南丹市のふるさと納税返礼品の原材料表示について、閲覧者から運営サイト内のチャット機能で問い合わせがあり、ふるさと納税担当者と数日間やり取りがあった。その中で、二〇二二年四月二九日に「京都府南丹市は部落系の多いところでしたかね。京都には問題がある性質の所がいくつかあると思いますが（残念なことに思われます）」という書き込みがあった。

南丹市では、五月二日に「南丹市人権問題事象検討連絡会」を開催し。この書き込みが差別事象であることを確認し、行為者に対して、差別的な表現であることを示すとともに、認識を改めるようチャットで送信した。既読にはなるものの応答はなかった。重ねて、同和問題への認識を改め、反省することを促すとともに、連絡先等を返答するよう送信したが、これにも応答はなかった。

福岡　二〇二二年六月一四日

太宰府市役所への差別電話

（福岡県連調べ）

二〇二二年六月一四日、太宰府市役所に市民から「今でも同和地区はあるのですか？」「怖かった気がする」との電話があった。

京都　二〇二二年六月一六日

京都市交通局への差別投稿

（京都府連調べ）

二〇二二年六月一六日、京都市交通局のホームページ上の「お客様の声」受付フォームから匿名の投稿があった。

内容は「バスが満員で前方の降車口から降りられなかったため、後方の乗車口から降り運転席へ運賃の支払いに行くと、後ろから降りるなと言われ、支払い拒否されて、もう一度乗車し前から降りて支払うよう強制された。乗るバスによっては混雑しているから後ろから降りてもいいという運転手もいるのに。きちんとルールとして統一するべき。運転手の物言いが高圧的できちんと教育すべき。上からモノ言うアホな学歴のない底辺の人間や、部落枠採用であろうバカな運転手が多過ぎる」というものであった。

京都　二〇二二年九月五日
向日市役所への差別電話
（京都府連調べ）

二〇二二年九月五日、向日市役所に男性が三度にわたって電話をかけ、職員に対して「同和地区の人は反社会的で大人も子どもも人殺しだ」などと部落差別発言をおこなった。

電話があったのは午前八時四七分。発信者は六〇～七〇代の男性で、職員が用件を尋ねると「同和地区の人は反社会的で大人も子どもも人殺しだ。その人たちを守る法律を作っているのは納税者の負担。同和地区の人に生活保護、身体障がい者の認定、市営住宅に住まわせるな」との発言があった。応じられないことを職員が伝えると、男性は「おい、乞食、何言ってるねん。人殺しに人権啓発しても納税者に被害がでる。おまえら、広聴協働課の六匹（職員）もただ飯食ってるのか」とさらに発言した。職員が啓発しようとしたところ、電話が切れた。

その後、午前八時五八分にも学校教育課に同じ男性から電話があった。男性は「同和地区も人殺しだ。いじめを見て見ぬふり。●●教育長をはじめ組織で調査しろ。録音されているんやろ」と発言。職員が啓発しようとしたところ、電話が切れた。直後に再度、電話がかかってきて、男性が同様の内容を繰り返して話し、電話を切った。

福岡　二〇二二年一〇月二七日
筑紫野市役所への差別電話
（福岡県連調べ）

二〇二二年一〇月二七日、筑紫野市役所に市民から「差別はもうないので（啓発）冊子を配る必要はない」「配ることで差別をつくっている」「自分の身の回りではそのような（差別事例）話は聞かないから同和問題ばかり取り上げるからいけない」との電話があった。

福岡 二〇二二年一二月六日

筑紫野市役所への差別電話

（福岡県連調べ）

二〇二二年一二月六日、筑紫野市役所に市民から「（啓発冊子を）お金を使って出す必要があるのか」「知らせなければ自然となくなる」「おばあさんが孫に教えなければひろがらないのに」との電話があった。

福岡 二〇二二年一二月一七日

北九州市の駅トイレに差別落書き

（福岡県連調べ）

二〇二二年一二月一七日、北九州市の戸畑駅のトイレで「差別されたら　金になる　同和」という落書きが発見された。

京都 二〇二三年二月一一日

京都府連ホームページへの脅迫書き込み

（京都府連調べ）

二〇二三年二月一一日と三月一八日の二度にわたって、府連ホームページの「問い合わせ」受付フォームに脅迫文が書き込まれた。文面からして同一人物と思われる。

他の都府県連で同様のものがないか確認したところ、兵庫県連でも届いていたことがわかった。

府連の顧問弁護士に相談し、脅迫文であり警察へ相談するべきとの意見を受け、警察に対応を求めたところ、エスカレートするなど変化があれば伝えるよう助言があった。

インターネット上の部落差別

埼　玉　2021年12月7日

差別情報の削除を

（「解放新聞中央版」2022年4月5日付）

差別情報の削除を
さいたま法務局に要請

【埼玉支局】人権教育・啓発推進埼玉県実行委員会（倉持秀裕・会長）は昨年12月7日、さいたま市・さいたま地方法務局で、「部落差別解消推進法」をふまえた人権施策の推進についての要請行動をおこなった。

さいたま地方法務局からは越智弘・人権擁護課長、渡邉真也・人権擁護係長、県実行委員会からは春日英明・埼玉同宗連議長、草野道生・埼玉人企連代表幹事、埼玉県連から片岡明幸・委員長、小野寺一規・書記長が参加した。

片岡委員長は、鳥取ループ・示現舎の『全国部落調査』や「部落探訪」について「東京地裁は判決で、同和地区の地名の公表は、ウェブサイトへの掲載、出版、出版物への掲載、放送、映像化、いずれも一部の抽出でもダメだとした。判決内容を活用し、一歩踏みこんだ行政指導をおこなってもらいたい。強制的に削除できるような行動をとってもらいたい」と求めた。越智課長は「差別を助長するものだと承知している。上級庁である法務省に伝える」と返答した。

香川　2022年2月7日

ツイッター社に情報削除要請

（「解放新聞中央版」2022年5月5日付）

土庄町長が情報削除求め ツイッター社に要請

香川

【香川支局】昨年5月、ツイッターに小豆《しょうど》島の被差別部落の識別情報が投稿された事案に関し、土庄（とのしょう）町は2月7日付けで岡野能之・町長名でツイッタージャパン社にたいし、プロバイダやサイト管理者の利用規約等の「禁止事項」や、法務省の依命通知に該当する行為であるという通知と、早急に削除を求める要請をおこなった。

また、法務省、総務省にたいしても、早急に削除されるよう対処の要請をおこなった。

土庄町によると、要請書の提出は3回目だが、岡野町長就任後では初めて。町ではひき続きモニタリングをおこなうとともに、削除要請をおこなうことにしている。

香　川　2022年3月24日

控訴審係争中にもかかわらず被差別部落識別情報摘示

（「解放新聞香川版」2022年4月25日付）

『部落探訪』県内の被差別部落を掲載

裁判係争中、悪質極まる行為

「全国部落調査《ぜんこくぶらくちょうさ》」復刻版《ふっこくばん》出版事件裁判《しゅっぱんじけんさいばん》の被告《ひこく》が、県《けん》内《ない》の複数《ふくすう》の被差別部落《ひさべつぶらく》を訪《おとず》れ写真《しゃしん》や動画《どうが》を撮影《さつえい》し、インターネット上《じょう》に流《なが》していることが明《あき》らかになった。

三月二十四日、A市人権《しじんけん》課《か》より、鳥取《とっとり》ループ・示現《じげん》舎《しゃ》の代表者《だいひょうしゃ》を名乗《なの》る人物《じんぶつ》（名刺《めいし》と、のちに顔写真《かおじゃしん》で本人《ほんにん》と確認《かくにん》）が、午前《ごぜん》、隣《りん》保館《ぼかん》に現《あらわ》れ、「隣保館《りんぼかん》のそばに設置《せっち》されている太陽光《たいようこう》パネルについて設置《せっち》されるまでの経緯《けいい》を教《おし》えて欲《ほ》しい」と職員《しょくいん》に尋《たず》ねた。職員《しょくいん》は、「設置《せっち》されているのは知《し》っているが、経緯《けいい》については知《し》らない」と回答《かいとう》。その際《さい》、カメラ等《など》を持《も》っていたため、写真《しゃしん》・動画《どうが》を撮影《さつえい》していないか問《と》うと「撮影《さつえい》した」と答《こた》えたので、職員《しょくいん》は「他人《たにん》の住宅《じゅうたく》を撮影《さつえい》してネット等《など》へアップすることは許《ゆる》されないことで絶対《ぜったい》にあってはならない」と何度《なんど》も告《つ》げると、「住宅《じゅうたく》も太陽光《たいようこう》パネルの写真《しゃしん》も投稿《とうこう》しない」と約《やく》束《そく》し車《くるま》で立《た》ち去《さ》った。職員《しょくいん》から報告《ほうこく》をうけた人権課《じんけんか》が地元《じもと》支部《しぶ》、県連《けんれん》、香川県隣《かがわけんりん》保館連絡協議会《ぼかんれんらくきょうぎかい》へ情報提供《じょうほうていきょう》し、その後《ご》県《けん》や各市町《かくしちょう》に報《ほう》告《こく》した。

情報提供《じょうほうていきょう》をうけ、県連《けんれん》も各支部《かくしぶ》へ事務連絡《じむれんらく》をおこない注意喚起《ちゅういかんき》した。被告《ひこく》のSNS等《など》をモニタリングすると翌《よく》二十五日、SNS上《じょう》に「香川県《かがわけん》に行《い》っておりました！」とB市内の住宅《じゅうたく》の写《しゃ》真《しん》もアップしていた。

二十六日には、他《ほか》のSNSに「B市某所《しぼうしょ》」とショート動画《どうが》を投稿《とうこう》。さらには、C市《し》、B市《し》D町《ちょう》を訪問《ほうもん》し「部落探訪《ぶらくたんぼう》」を次々《つぎつぎ》と公開《こうかい》している。

県連差別糾弾闘争本部《けんれんさべつきゅうだんとうそうほんぶ》では、モニタリングを継続《けいぞく》すると同時《どうじ》に、県《けん》・市町《しちょう》、当《とう》該支部《がいしぶ》と連携《れんけい》しながら削除《さくじょ》要請等《ようせいとう》をとりくんでいく。

被告《ひこく》は控訴審《こうそしん》で係争中《けいそうちゅう》にもかかわらず、全国《ぜんこく》の被《ひ》差《さ》別部落《べつぶらく》の識別情報《しきべつじょうほう》を摘示《てきじ》しつづけている。

県《けん》は、大変憂慮《たいへんゆうりょ》すべき状《じょう》況《きょう》であるとし、インターネット監視《かんし》を強化《きょうか》し、その都《つ》度《ど》SNS上《じょう》から違反報告《いはんほうこく》をおこない削除《さくじょ》を求《もと》めるとともに、高松法務局《たかまつほうむきょく》へ通報《つうほう》し、適切《てきせつ》に対応《たいおう》するよう要請《ようせい》している。各自治体《かくじちたい》もとりくみをおこなっている。

新　潟　2022年3月30日

差別情報の削除要請

（「解放新聞中央版」2022年4月15日付）

差別情報の削除求め

新発田市から要請行動

新　潟

【新潟支局】「全国部落調査」復刻版出版事件裁判の被告らが差別動画などの部落差別情報をインターネット上に流し、各地で被害がおきている。県内では、これらの差別情報の削除を求め、自治体が新潟地方法務局への要請にとりくんでいる。2月の上越市長、3月の村上市長に続き、3月30日には新発田《しばた》市の二階堂馨・市長が、若月学・同市議会議長、工藤ひとし・同市教育長とともに新潟地方法務局新発田支局を訪れ、早急な削除を強く求めた。

二階堂市長と工藤教育長は、新潟地方法務局の局長と新発田支局長の両人宛のそれぞれの「インターネット上における人権侵害事象に関する要請書」を提出。

市議会が全会一致で意見書

同市議会の若月議長は、「地方自治法」第99条にもとづき、同市議会が3月24日に全会一致で可決した新潟地方法務局長宛ての「インターネット上の人権侵害事件に対し速やかな措置を求める意見書」を提出した。

同市議会の意見書は、昨年発覚した栃木県の行政書士による戸籍等大量不正取得事件（3017号既報）にもふれ、「全国部落調査」復刻版の発行やインターネット掲載が「結婚差別、就職差別を誘発するきわめて悪質な差別的行為」であり、サイト「同和地区Ｗｉｋｉ」や差別動画「部落探訪」も差別を拡大させ続けていると指摘。復刻版裁判の東京地裁判決（3005号既報）にもかかわらず差別情報をさらす被告らの悪質さを強調するとともに、市はこれまでも同局に差別動画などの削除を依頼しているが掲載が続けられていると指摘し、一日も早い解決に向け、つぎの3点を求めた。

▽示現舎とプロバイダなど関係者にたいし「同和地区Ｗｉｋｉ」サイトや差別動画「部落探訪」に掲載の人権侵害情報の速やかな削除へ説示または勧告を▽「全国部落調査」復刻版の即時回収がおこなわれるよう説示または勧告を▽「同和地区」に関する情報を公開する行為の違法性について、広く地域住民へ周知・啓発を。

全　国　2022年6月21日

インターネット上の部落差別扇動に対する現状

（「解放新聞中央版」2022年7月25日付）

差別扇動の放置による被害拡大の実態を追及

法務省交渉

法務省交渉を6月21日午後、省内でおこない、西島委員長、片岡副委員長、赤井書記長、村井中執をはじめ、9人が参加。部落の所在地をさらすなどインターネット上の部落差別扇動がいまだに放置され、被害が拡大し続けている深刻な実態を追及した。

プロバイダ等の事業者が速やかに削除できる実効性のある方策を求めて意見交換するとともに、部落差別が広がっている現実にもかかわらず、被害の相談窓口や啓発活動の有無など、部落差別撤廃に向けた自治体のとりくみに大きな格差がある問題を指摘。自治体のとりくみの推進・充実に向け、前回の交渉にひき続き、国と自治体が連携してとりくむモデル地区づくりを強く求めた。また、部落問題啓発の基本となる教材を法務省が作成して、自治体に情報提供するように提案。自治体が常設の相談窓口を設け、専門相談員を配置する大切さも強調した。

省からは、人権擁護局の杉浦直紀・総務課長、江口幹太・調査救済課長、高橋史典・人権啓発課長、唐澤英城・参事官ら8人が出席した。ネット上の差別情報については、削除するべき情報の判断基準を法的に整理するため、公益社団法人商事法務研究会の「インターネット上の誹謗中傷をめぐる法的問題に関する有識者検討会」に参加し、「取りまとめ」が5月31日に公表された、と報告。「取りまとめ」の考え方は省と一致しており、プロバイダ等の事業者が訴訟で使うことは十分可能、関係省庁と連携して事業者に内容の理解を求める、と語った。

同盟からは、「同和地区」の識別情報の摘示は原則削除対象、と省が「依命通知」（2018年12月）を出しているにもかかわらず、実際の削除は遅々としてすすんでいないこと、また、地方法務局に削除を要請した自治体にその後の報告がきちんと返されないことなどから、法務省・法務局への不信感が強まっている現状を指摘。差別情報削除に向けた省のとりくみ状況を質《ただ》し、削除がすすまない理由と課題、今後の対応策を追及するとともに、自治体にもきちんと情報を伝えて不信感をとり除くよう、ていねいな対応を求めた。

また、自治体が直接プロバイダ等に差別情報の削除を要請することについて、省の姿勢がわからず、直接要請しない自治体もあることから、省の見解を追及。

省は、それは大いに歓迎する、とし「やはり複数で声をあげることが大切。法務省だけではなく、ぜひ地方公共団体でも同じようにやっていただきたい」「いろんなところで、いろんな方がたに声をあげていただき、力を合わせて世論を形成していくのは、とても大切なこと」などと語った。

香川　2022年7月5日

示現舎代表に抗議

（「解放新聞香川版」2022年7月25日付）

示現舎代表へ抗議!!

各社へ削除要請のとりくみ

丸亀市　坂出市　善通寺市

示現舎代表による県内の被差別部落を訪問し、そのようすの動画や写真をインターネット上に投稿する行為（5市2町）が連続しておきた。事案をうけ当該の自治体がそれぞれ削除要請をおこなっている。

丸亀市は、複数の被差別部落を訪問し写真や動画を撮影したものをインターネット上に投稿する、いわゆる被差別部落の識別情報の適示行為を繰り返す示現舎の代表にたいし強く抗議し、示現舎ホームページ、Twitter、YouTubeの当該情報の削除及び今後同様の行為をおこなわないよう要請した。

文書は、松永恭二・市長名で七月五日付に郵送。示現舎代表に、「特定の地域を同和地区である又はあったが如く流布していることについては、法務省依命通知（二〇一八年十二月二十七日付法務省権調第123号）にもあるように、目的の如何を問わずそれ自体が人権侵害の恐れが高く、違法性のあるものであり、人権擁護上許容し得ない。たとえ学術、研究目的であると主張しても、その行為により当該地域の居住者や出身者に対するいわれのない差別を生み、人権侵害につながる恐れがあることは明らかであり、当該行為に対し強く抗議する」と明記している。

また、五月二十七日にはTwitterJapan社、Google合同会社にたいしても市長名による削除要請をおこなった。

これにたいし、六月三日付でアメリカTwitter社より丸亀市長あてに回答書が届くも、回答内容は要請に応じないとの内容で土庄町長あての回答書と同様の内容であった。

坂出市は、五月二十六日TwitterJapan社、Google合同会社に当該の投稿を削除するよう要請書を送付した。

要請書は、有福哲二・市長名で、「当該コメントや写真・動画等は、日本社会における固有の人権問題である『部落差別（同和問題）』に関して、差別を助長するものであり、そこに居住している住民の人権を侵害する恐れがある。また、『部落差別解消推進法』第1条に現在もなお部落差別が存在すると規定され、第3条には、本市のような地方公共団体には、部落差別の解消に関し実情に応じた施策を講ずるよう努めなければならない責務があり、その法律の趣旨に基づき、申し入れを行う」とし、「削除されない場合は法的措置も辞さない」と明記した。

善通寺市は、辻村修・市長名でTwitter社、Google社それぞれアメリカ本社に英文で削除要請書を送付した。

香　川　2022年7月29日

差別投稿の削除要請

（「解放新聞香川版」2022年9月25日付）

行政の責務で削除要請

八市九町連絡協議会

Twitter、YouTube上に連続して県内の被差別部落の写真や動画が投稿されたことをうけ、香川県八市九町人権・同和対策連絡協議会（幹事、佐伯明浩・観音寺市長、前田武俊・綾川町長）は、七月二十九日付けでそれぞれの日本法人にたいして削除要請書を送付した。

要請書は、「当該のすべての投稿について、日本社会における固有の人権問題である『部落差別（同和問題）』について差別を助長するコメントを喚起し、投稿された写真や動画上の場所が、『部落差別（同和問題）』に関わる場所であることを示しており、そこに居住している住民の人権を侵害する可能性が十分に考えられる。なお、『部落差別（同和問題）』とは、日本社会の歴史的過程で形作られた身分制度により、日本国民の一部の人々が、長い間、経済的社会的、文化的に低い状態に置かれることを強いられ、その住民が居住する『同和地区』と呼ばれる地域の出身者であることを理由に、結婚を反対されたり、就職できなかったりなどの日常生活において、不当な差別を受けているものである。これは、二〇一六年十二月に制定されたわが国の法律である『部落差別の解消の推進に関する法律』の第1条に、『現在もなお部落差別が存在する』と規定されており、日本社会において現存し、今なお多くの人が苦しんでいる人権問題である。同法第3条には、県内市町の地方公共団体には、部落差別の解消に関し実情に応じた施策を講ずるよう努めなければならない責務があり、その法律の趣旨に基づき、貴社に対し申し入れを行う」と明記した。要請書は、幹事である佐伯市長、前田町長の連名で送付した。

大　阪　2022年12月15日

「部落探訪」の動画が削除

（「解放新聞大阪版」2022年12月15日付）

「部落探訪」の動画が削除

グーグル社「ヘイトポリシーに違反」

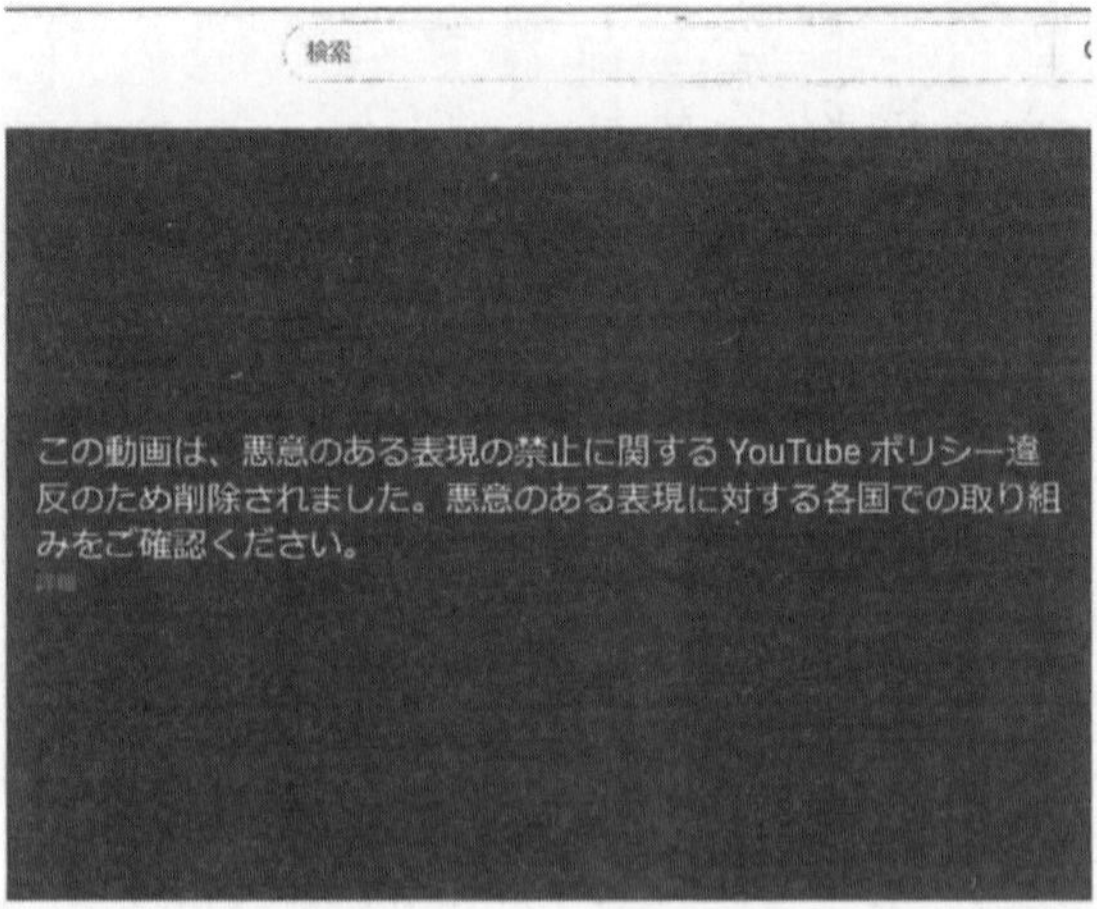
検索
この動画は、悪意のある表現の禁止に関する YouTube ポリシー違反のため削除されました。悪意のある表現に対する各国での取り組みをご確認ください。

削除の理由を説明するユーチューブの画面

長年にわたって全国各地の部落を動画サイト「ユーチューブ」上で晒してきた「部落探訪」の動画約200本が11月末、すべて削除された。削除の理由についてグーグル社はマスコミ各社の取材に答えて「ヘイトスピーチに関するポリシー（指針）に違反したため」としている。

「部落探訪」は2018年ごろから「全国部落調査」復刻版裁判の被告、鳥取ループ・示現舎が「ユーチューブ」上の「神奈川県人権啓発センター」とのチャンネルで部落の様子を撮影した動画を公開してきたもの。

「学術研究」を標榜しながら全国各地の部落を実際に訪れて地区内を撮影。個人宅の表札や墓石、寺院に掲示されている寄付者の名前などをもとに、その地域に多い名字などを執拗に公表するなど、その地域が部落であることにとどまらず、差別身元調査に資する情報を無断で公開してきた。

これまでに全国の支部、個人をはじめ、自治体、法務省、総務省なども繰り返し削除を求めてきた。府連も２０２１年６月、国内のグーグル合同会社に対して動画の削除とヘイトスピーチに関するポリシーに部落差別を明確に位置づけるよう要請。同じものを英訳し米の本社に対しても同様の要請をおこなってきた。

11月からは部落出身者や支援者らが集う「ＡＢＤＡＲＣ（アブダーク）」がオンライン署名を呼びかけ、短い期間にもかかわらず２万８０００人以上の賛同が集まっていた。

「部落探訪」に影響を受けて模倣するサイトが多数確認されているが、それらについても削除に向けた動きがあることがわかっている。

鳥取ループ・示現舎はＮＨＫの取材に対して「納得がいかない。今後は独自のサイトに掲載することも考えている」と答えている。ユーチューブ上の動画は削除されたものの、鳥取ループ・示現舎が独自に運営するサイトには写真と文字で構成する「部落探訪」が今も公開されたままであり、「ユーチューブ」以外の動画サービスを使った新たな「部落探訪」を立ち上げることも考えられる。

府連では新たな裁判闘争も視野に削除に向けたとりくみを進めるとともに、差別行為そのものを禁止する包括的な差別禁止法の制定を求めていくとしている。

全　国　2023年8月5日

主張　インターネット上の部落差別情報・差別扇動を許さず、闘いをすすめよう

（「解放新聞中央版」2023年8月5日付）

・差別扇動を許さず、闘いをすすめよう

1

インターネット上の差別事件が爆発的に増加している。その傾向とネット上の悪質な事件の分析からは、差別行為者がもつ差別意識とその意識を実際の差別行為に走らせるまでのハードルがきわめて低くなっているといえる。書き込まれている多くの差別的内容は、差別記述への多くの人々の抵抗感を弱め、それらを差別だと認識できないデジタル市民を増加させている。

　こうした傾向がネット社会の進化とともにより顕著になっている。それは近年のネット社会の特徴と密接に関わっている。ＳＮＳ（ソーシャル・ネットワーキング・サービス）が普及し、コミュニケーションのあり方も変化している。一般のコミュニティとは異なるソーシャルネットワークのなかで、差別意識や思想が過剰になり、増幅されている。

　インターネットが生み出したプラットフォーム（場）でコミュニケーションのあり方が大きく変化している。キーワードは「ホモフィリー」（同類性）と「エコーチェンバー」（反響室）だ。ホモフィリーとは、人は同じような属性をもつ人々と群れるという考えをベースに、個人を同類の他者と結びつけることを重視するソーシャルネットワークの基盤的な考え方だ。エコーチェンバーとは、考え方や価値観の似た者同士で交流し、共感し合い、特定の意見や思想、価値観が、拡大・増幅・強化されて影響力をもつ現象だ。差別思想がより攻撃的、扇動的になる。インターネット交流サイトを運営する最大手の米メタ（フェイスブック）は、同類のグループにネット上の枠組みを提供する。そうした「コミュニティ」が構築されれば、受け取った情報や、メンバーが形成する態度、経験の相互作用が、参加者に大きな影響を与える。同質性にもとづく閉鎖的なシステムのなか、差別情報等が反復的にコミュニケーションがおこなわれ、強化、増幅、拡大される。響き合うように増幅される。

2

　増幅されたコミュニケーションやメッセージは同類の人々の心理や意識に大きな影響を与える。差別情報の内容がフェイク（虚偽）であっても、真実として受け止められるような意識を生み出す。いまやそのフェイク情報を人工知能（ＡＩ）が自動で容易に瞬時に広められる。さらに特定の差別キーワードにもとづいて多くの投稿をコピーし自動で拡散することも可能だ。これらの情報がネットリテラシーのない多くの人々に影響を与え、差別や偏見を助長している。

　こうしたＳＮＳがもつ作用で、差別事件の内容がより過激になった。これまでは差別事件を起こすような

主張 インターネット上の部落差別情報

人物ではなかった人々までもが容易に差別行為者になり、今日の差別事件をより深刻なものにしている。

このような傾向は無数の差別事件を生み出し、ネット社会そのものがホモフィリーとエコーチェンバーの作用で、ネット上で差別事件を日々発生させている。

こうしたネット上の膨大な差別事件の第1の差別性・問題点は、これまでの差別事件のなかでも差別撤廃にもっとも重大な悪影響を与える点だ。この種の事件は差別落書や差別発言と異なり、その後の差別行為の手段として悪用されることも多い。「全国部落調査」復刻版のネット上への公開行為は、これまでの差別事件を質的に変えた。公開された被差別部落のリストがダウンロードされたり、差別する手段として何度も利用されるようになった。全国各地の差別事件や部落差別身元調査の誘発・助長につながった。ネットにアクセスできる不特定多数の一般市民が「部落地名総鑑」を所持することになり、部落差別調査が容易にできるようになった。

3

第2に、差別意識を活性化させ、差別扇動性をもつ点だ。全国各地の被差別部落の地名を暴露することを通じて差別攻撃のターゲットを示すことになり、この地域が差別すべき地域だと鮮明にし、多くの人々の差別意識をかき立てるという扇動性をもつまでになった。

第3に、ネット上の差別事件を助長する点だ。近年ネット上で増加・悪質化している差別事件が、ネット上の差別記述への一種の「慣れ」の感覚を生み出している。差別記述の増加につながり、さらにネット上の差別事件をいっそう助長する悪循環を加速させている。それだけではない。電子版「全国部落調査」差別事件のように、差別行動に多くの人々を巻き込み、差別事件の差別性をさらに悪質化させている。前号の主張でも明らかにしているように、東京高裁の判決は大きな前進だったが、判決をふまえた立法が成就しない限り、ネット上の差別行為はあとを絶たない。

第4に、ネット上に被差別部落の地名リストを公開した人物は特定できても、それらに差別的書き込みを重ねている人物を特定するのは容易ではない。匿名性の問題が、事件の真相究明、事件解決、再発防止を困難にしている。

4

第5に、差別情報の書き込みを続ける犯人だけではなく、ネット上からダウンロードした人物を特定するのも困難な点だ。これまでの差別事件では、差別発言を聞いた人や差別落書を発見した人がそれに同調したり、その差別に加担しない限り差別行為者とは原則として見なしてこなかった。しかしネット上の被差別部落リストの場合、ダウンロードすれば「部落地名総鑑」を入手したことになり、重大な差別行為につながる。これらの人たちを特定することも事件を克服するうえでひじょうに重要だが、十分にできていない。一度ダウンロードされた被差別部落リストはほぼ回収困難であり、取り返しのつかない事態に結びついている。

第6に、重大な差別事件でありながら予防が困難であり、再発する危険がきわめて高い。インターネットの特徴を最大限悪用したネット上の差別事件は、一部を除いて十分な対抗措置や法的措置もとれないまま事実上放置されている状態だ。

第7に、これまで指摘してきた差別性や問題点とも関わり、差別事件の規模が桁違いに大きいという点だ。「部落地名総鑑」差別事件では、購入企業等の一定の人物にしか被差別部落の所在地は分からなかった。ネット上では不特定多数の人々が閲覧できるようになった。差別事件が個人的な規模や組織・地域的な空間で発生していたものから、インターネットを介して全国的・世界的な規模になっている。

第8に、差別状態がきわめて長期間持続している点だ。ネット上に掲載された差別文書や差別扇動文書等は、ほとんどの場合削除されてこなかった。これは重大な問題であり、差別状態が半永久的に続いていることを示している。被害はきわめて甚大だ。

第9に、これまでの差別事件とは質的に異なる動画等をもちいた差別行為も頻発するようになった。以上のような特徴・傾向・差別性・問題点をもつネット上の差別事件を克服しない限り、部落差別の完全撤廃はあり得ない。

5

今日ではネットを悪用したデジタル差別身元調査が可能になっている。「チャットＧＰＴ」の出現は社会やビジネス等を大きく変えるだけでなく、技術を悪用した差別行為につながっている。人工知能の大きな壁だった自然言語処理が可能になり、人類が言葉で大きく前進したようにＡＩはさらに進化を遂げるだろう。

科学技術の進歩は人権問題をより高度で複雑で重大な問題にしてきた。問題を克服するためには、こうしたことをふまえた強力で多様なとりくみが求められる。もっとも重要な基盤的課題はネット上やＡＩの進歩で発生している新たな差別や人権侵害の現実を正確に把握することだ。それらの現状を広く知らせなければならない。それが最重要課題だ。方針は現実から与えられていることをふまえ、その基盤的なとりくみの前進が差別禁止法や人権侵害救済法の制定につながっていることを忘れてはならない。

山口　二〇二二年一月

「部落探訪」で身元調査、結婚差別

（山口県連調べ）

二〇二二年一月、山口県人権啓発センターへ県内の二〇代男性から結婚差別の相談があった。

高校時代から交際していた女性と婚約し、二〇二一年、彼女は同棲するために県外での仕事をやめ、県内の実家に帰って来た。七月、両家の顔合わせ後、彼女の親が結婚に反対しはじめ、結婚は破談になった。その後、一一月、彼が部落出身であるために反対されたことを知った。

彼は自分が部落出身であることを自覚しておらず、その時に初めて自分が部落出身であることを知った。

彼女の親は鳥取ループ・示現舎の「部落探訪」動画・ブログを見て、彼の実家が部落だと確信して、反対しはじめた。彼女の親の知人が行政職員で、彼の住む自治体にも部落があることを話しており、親が気になってネットで彼の実家の住所を調べたら、鳥取ループ・示現舎の「部落探訪」に掲載されていた。

彼は鳥取ループ・示現舎に直接電話をして、動画とブログの削除を求めたが拒否され、山口県人権啓発センターに相談に来た。

京都　二〇二二年七月一三日

長岡京市の市営浴場への差別書き込み

（京都府連調べ）

二〇二二年七月一三日、山城地協から、Ｇｏｏｇｌｅマップの長岡京市営浴場のクチコミ欄に差別書き込みがあるとの報告があった。

内容を確認すると、「３３３３　Ｓｏｆｔｂａｎｋ」と名乗る人物が「穢多」と書き込んでいた。このクチコミ欄には以前にも差別書き込みがあり、七月七日に長岡京市の職員が新たな書き込みがないか確認していたところ発見したもの。

長岡京市は京都地方法務局に対し削除要請した。府連からもＧｏｏｇｌｅに直接、違反書き込みであることを報告し、京都地方法務局にも情報提供をおこなった。現在、この書き込みは削除されている。

福岡　**二〇二二年七月二一日**

インターネット上の差別書き込み

（福岡県連調べ）

二〇二二年七月二一日、インターネット上に「糸島●●は同和差別の酷い地域です。絶対にすまない方がいいですよ。同和じゃない一般の人が住むと酷いイジメを受けます」との書き込みを確認した。

京都　**二〇二二年八月四日**

「神奈川県人権啓発センター（公式）」による部落差別動画公開

（京都府連調べ）

二〇二二年八月四日、山城地協より、「神奈川県人権啓発センター（公式）」が八幡市の「部落探訪」の前編をＹｏｕＴｕｂｅで公開しているとの報告があった。このアカウントは示現舎代表のものである。

動画は、八月三日に前編、一〇日に後編が公開された。部落にある改良住宅などを撮影したもので、示現舎のホームページでも写真付きでブログ版の記事が投稿されていた。八幡市は、京都府との連名で京都地方法務局に削除依頼をおこなった。府連からもＹｏｕＴｕｂｅに違反動画であることの報告と、京都地方法務局に情報提供をおこなった。現在、この二本の動画はＧｏｏｇｌｅにより、プライバシーポリシーに違反があったとして削除された。しかし、ブログ版は残されたままである。

京都　**二〇二二年一〇月四日**

「昭和チャンネル」による部落差別動画投稿

（京都府連調べ）

二〇二二年一〇月四日、中央本部からの情報提供により、ＹｏｕＴｕｂｅに京都市内や井手町、八幡市、宇治市の団地を撮影した動画が投稿されていることがわかった。投稿したのは「昭和チャンネル」と名乗る人物。府内の四市町で二〇本の動画が見つかっている。

動画や投稿者のコメントに「部落」や「同和」という言葉はない。しかし、動画を見てコメントを書き込む人もいて、その書き込みの中に「部落」などの言葉や誹謗中傷がある。投稿者は、それらの書き込みをとがめることはなく、「動画を見ていただきありがとうございます。」などとコメントを書き込んでいる。差別ではないかのように装って部落を晒す悪質な動画である。

ＹｏｕＴｕｂｅに違反動画であることの報告をおこない、京都府や京都市、井手町や八幡市など関係する自治体にも報告した。また、京都地方法務局へ情報提供した。

京都 **二〇二二年一〇月一七日**

「おとのさん」による部落差別投稿

（京都府連調べ）

二〇二二年一〇月一七日、山城地協より、「おとのさん」と名乗る人物が、ツイッターで山城地区の部落の写真を投稿しているとの報告があった。

府連でも調べたところ、京都市、宇治市、八幡市、京田辺市、木津川市、井手町、精華町、和束町、笠置町の九市町で、二四件の投稿を発見した。「部樂」などと当て字を使って部落を暴露する書き込みを写真付きで投稿していた。山城地域の市町では、一括して京都府や京都地方法務局などへ報告した。府連からは、京都府や京都市に報告し、京都地方法務局にも情報提供した。

現在、このアカウントは「音野@南大阪ヒト人権クリエイター」と名乗っている。

福岡 **二〇二二年一二月一三日**

インスタグラムへの差別書き込み

（福岡県連調べ）

二〇二二年一二月一三日、福岡市の高校の校則批判の文章の中に、以前発生した「エタひにんバンド事件」を揶揄した書き込みが発見された。

京都 **二〇二二年度**

「旨塩きゅうり」による部落差別動画投稿

（京都府連調べ）

「旨塩きゅうり」と名乗る人物が、ＹｏｕＴｕｂｅで部落を撮影した動画の投稿を繰り返している。宇治市、亀岡市、福知山市、綾部市、南丹市、長岡京市、八幡市、京田辺市、木津川市、井手町、和束町の府内一一市町で二四本の動画を確認した。

①二〇二二年七月七日、八幡市の部落を撮影した動画がYouTubeに出ていると、六区支部から報告があった。八幡市の動画は三本あり、部落内の改良住宅などが映っていた。同様に、宇治市の部落を撮影した動画も四本投稿されていた。

②二〇二二年一〇月二五日、亀岡市協より亀岡市の部落を撮影した動画が投稿されているとの連絡があった。亀岡市で独自にインターネットのモニタリング作業をおこなう中で発見した。その後、計四本の動画が見つかった。

また、北部ブロック会議でも綾部市の動画があるとの報告があった。府連でも確認したところ、綾部市のものが三件、福知山市のものが一件あった。

③二〇二二年一二月一二日、長岡京市の職員が市内の部落を撮影した動画があることを確認した。

④二〇二三年一月一六日、府連が「旨塩きゅうり」の動向を確認したところ、南丹市の部落を撮影した動画を発見した。その後の調査で、南丹市では四本の動画が見つかった。

⑤二〇二三年一月二〇日、府連で動向を確認したところ、木津川市の部落を撮影した動画を発見した。

⑥二〇二三年二月一四日、井手町が隣保館周辺を撮影した動画を発見した。

⑦二〇二三年三月二日、木津川市と京田辺市の動画があったとの報告が、山城地協からあった。

⑧二〇二三年三月一一日、和束町の動画が見つかった。

これらの動画には「部落」「同和」といったナレーションやテロップはないが、動画を見て被差別部落であることを暴露するコメントを書き込む者がいる。このようなコメントを「旨塩きゅうり」が批判することもない。差別を広げるアカウントであり、自らは差別をしていないと装いながら、部落を晒す卑劣な行為である。

それぞれの市町は京都府との連名で京都地方法務局へ削除要請をした。また府連でもYouTubeへの違反報告、京都地方法務局への情報提供などおこなった。

高知 二〇二二年度

Ｔｗｉｔｔｅｒへの部落差別投稿

（高知県連調べ）

二〇二二年五月二五日、Ｔｗｉｔｔｅｒに、ユーザー名「@ｎａｒａｊｉｎｋｅｎ」から以下の内容の投稿がなされていることを確認した。

・市町村の地域名とその画像を列挙して掲載し、これを貶め、有害な偏見を助長するもの。

・特定の同和地区を訪れたとした上で、同和地区に特徴的な住宅として実在する個人の住宅や改良住宅の画像を投稿したもの。

部落差別を助長する内容の投稿であると、Ｔｗｉｔｔｅｒ社に対し違反報告をおこなった。また、高知県隣保館連絡協議会、部落解放同盟高知県連合会と情報共有をおこなうとともに、高知地方法務局に削除依頼した。

①二〇二二年五月二七日、土佐清水市、須崎市、黒潮町の地域名とその画像を列挙して掲載した差別的投稿を確認した。五月三〇日、Ｔｗｉｔｔｅｒ社に対し違反報告をおこなった。

②二〇二二年六月七日、室戸市の地域名とその画像を列挙して掲載した差別的投稿を確認した。六月十日、Ｔｗｉｔｔｅｒ社に対し違反報告をおこなった。

③二〇二二年七月九日、土佐市、本山町の地域名とその画像を列挙して掲載した差別的投稿を確認した。七月十二日、Ｔｗｉｔｔｅｒ社に対し違反報告をおこなった。

④二〇二二年八月一三日、土佐市、津野町の地域名とその画像を列挙して掲載した差別的投稿を確認した。八月十八日、Ｔｗｉｔｔｅｒ社に対し違反報告をおこなった。

⑤二〇二二年八月二二日、檮原町、中土佐町の地域名とその画像を列挙して掲載した差別的投稿を確認した。八月二三日、Ｔｗｉｔｔｅｒ社に対し違反報告をおこなった。

⑥二〇二二年八月二八日、土佐清水市、四万十町の地域名とその画像を列挙して掲載した差別的投稿を確認した。八月二九日、Ｔｗｉｔｔｅｒ社に対し違反報告をおこなった。

⑦二〇二二年八月二八日、大正時代に作成されたとする「部落舊慣調査　高知縣高等警察課」の書籍の画像を掲載した差別的投稿を確認した。八月三一日、Ｔｗｉｔｔｅｒ社に対し違反報告をおこなった。

⑧二〇二二年九月二日、四万十町の地域名とその画像を列挙して掲載した差別的投稿を確認した。九月六日、Ｔｗｉｔｔｅｒ社に対し違反報告をおこなった。
⑨二〇二二年九月二日、宿毛市の地域名とその画像を列挙して掲載した差別的投稿を確認した。九月八日、Ｔｗｉｔｔｅｒ社に対し違反報告をおこなった。
⑩二〇二二年一〇月二一日、大月町、三原村、宿毛市、土佐清水市、黒潮町の地域名とその画像を列挙して掲載した差別的投稿を確認した。二月二日、Ｔｗｉｔｔｅｒ社に対し違反報告をおこなった。

地域社会での差別事件

神奈川　2022年5月23日

葉山町議会議員差別事件後の町の取り組み

（「解放新聞神奈川版」2022年6月25日付）

葉山町町会議員差別事件
町としての受けとめ方と今後の進め方を話合う

昨年6月におきた葉山町議会議員差別事件は、当該A議員だけでなく、町議会や町当局全体の問題だとして、昨年7月2日、葉山町と葉山町議会にそれぞれ申入れを行い、当事者と向き合う姿勢が不十分であることを指摘した。町議会は、A議員だけでなく、すべての議員が部落問題や人権の課題にしっかり向き合うために部落問題に関する議員研修を実施するとして、昨年10月、11月、今年3月の3回人権研修会を実施し、今年度も継続している。

一方、葉山町は、「人権行政の指針」の作成を目標に、部落問題や人権の課題に取り組むことを確認してきた。

5月23日、県連三役が、葉山町を訪れ、町の取り組みの現状と、今後の進め方について話合いを行った。町から和嶋敦福祉部長はじめ3名が出席した。根本委員長は、「今回の差別事件は議会内で起きたことではあるが、町としてこの問題をどのように受けとめていくのか、また、今後、人権行政の指針となるものを作成していくという前回の提起を受けて、具体的にどのように進めていくのか」と問うた。これに対して、和嶋部長は、「町の総合計画の基本施策の一つとして人権・平和の項目を設けている。指針の作成については、町民の気運が醸成することも大事だ。今年度は、性的少数者の問題をテーマに人権研修を予定している」と答えた。また、他の役員からも「町議会でおきた部落差別事件について、町の職員や町民にどのように伝えていくのか」「町民に発信するために自らの学びが必要だ」などの意見が出された。福祉部長は「当事者の話を聞く機会を増やし、継続的な取り組みを充実していく」と述べた。今後も話合いを積み重ねることを確認し終了した。

町議会が研修会

葉山町議会の「人権と差別について考える」議員研修会の今年度第1回が、5月13日、神奈川人権センター江原由美子理事長を講師に行われた。

テーマは、アンコンシャス・バイアス＝無意識の偏見。新しい問題のように感じるが、気づかないままに行なっている偏った見方、考え方のことであり、それがマイノリティに対して問題を起こすと説明された。

人権意識がたかまっても、なかなか差別がなくならない理由の一つはこれであり、「意識しない」偏見や差別を問題化することによって、差別の残存を明らかにすることが必要であるが、誰もが行ないがちな偏見や差別であり、無意識を問題化しなければならないため、困難さもともなう。

全国　2022年9月13日

日本維新の会議員による差別発言

（「解放新聞中央版」2022年10月15日付）

差別発言に抗議

日本維新の会と話し合い

9月13日午後、東京都内の衆議院第一議員会館の会議室で、日本維新の会の石井章・参議院議員の差別発言にたいする話し合いをおこなった。日本維新の会から藤田文武・幹事長（衆議院議員）と石井章・参議院議員本人が出席、同盟から赤井書記長と大西総務部長が抗議と申し入れをおこなった。

石井議員は、6月5日、千葉県柏市駅前の街頭演説で、橋下徹・元日本維新の会代表について「橋下徹さんは、自分もそういう差別を受ける地区で生まれて、ろくすっぽ勉強できる環境じゃなかったけども…。今わが党とは一線を画してますから、別な分野で働いていますが…」などと発言。

中央本部は、橋下・元代表が劣悪環境の地区（被差別部落）で生まれたにもかかわらず立派になったという予断と偏見に満ちた悪質な差別発言であること。さらに、発言には事実と異なる内容もあり、差別を助長するものであるとして、6月17日付で、本人と松井一郎・代表（当時）宛てに抗議文を送付していた。

日本維新の会

人権委員会を設置

「機能させることが重要」と赤井書記長

日本維新の会の石井章・参議院議員の差別発言にたいする話し合いでは、藤田幹事長が、参議院議員選挙や党の代表選挙があり、早急に対応ができなかったことを謝罪、馬場伸幸・代表名の「謝罪と見解」について説明。石井議員も「差別発言の撤回とお詫び」を提出、謝罪した。

赤井書記長は、橋下元代表にかかわっては、かつて週刊誌報道で出自を暴く内容の記事が掲載され、糾弾会がもたれたことを説明。さらに、日本維新の会としては、これまでも、片山虎之助・参議院議員の「特殊部落」発言、長谷川豊・参議院比例区公認候補の差別講演事件などが続いてきた。差別講演事件では、「検証委員会報告書」も出されてきたが、今回の差別発言事件が起こり、この「報告書」の内容がきちんと党全体のものになっているのか疑問だとして、厳しく指摘した。

藤田幹事長は「その点は十分に反省している。懸案の党内の人権委員会設置については、いままで国会議員団のなかにあったダイバーシティ推進局を党の機関として格上げし、そのもとに人権委員会を設置することとした。幹事長直属の機関として、差別問題・人権問題のとりくみの中心となって機能するようにしていく」と回答。石井議員は「地元の茨城県では、運動団体のとりくみにも参加し、理解をしているつもりだったが、深く反省をしている。今回の差別発言の反省をふまえ、あらためて、部落問題の解決に向けて努力したい」とあらためて謝罪した。

大西総務部長から、石井議員にたいして、「地元の運動団体と協力関係にあったのなら、地元ではこのような差別発言をしないはず。それが他県では平気で無意識のうちに差別発言をしてしまう程度の理解だったのではないか。反省をふまえて、今後は、党内でも、率先して部落問題や人権問題のとりくみの先頭に立ってもらいたい」と要請。

赤井書記長はまとめとして、「党として人権委員会をきちんと機能させていくことが重要。国会議員や自治体議員の認識を深めるような活動をすすめてもらいたい」と強く要望した。

大　阪 2022年11月29日

共産党議員が市議会で差別発言

（「解放新聞大阪版」2023年1月15日付）

共産党議員が差別発言

八尾市議会の質疑で

八尾市で差別事象が連続していることから西郡・安中両支部は昨年12月27日に八尾市役所前でビラを配布し、差別撤廃を訴えた。

市役所前で抗議のビラ配布行動

差別事象は市会議員による差別発言と市の意見要望募集のメールに差別的なメールが届いた2件。

昨年11月29日にひらかれた八尾市議会で共産党議員が質疑し、「もう差別はない。あるというのならそれはどこか」と尋ね、市が「公表できない」と答弁。議員は「自分も過去に○○に住んでいたが差別はない」と発言した。

この発言は地区名を晒すとともに、町名全体が被差別部落ととられかねないなど問題があり、両支部は議長あてに▼発言は是認されるものか▼発言が同和地区の特定に繋がる可能性がある場合、議事録上の取り扱いを正当におこなうよう求める▼部落差別を助長し人権上譲ることのできない発言であることから議員に対して、今後注意と配慮をおこなうよう勧告を求める要請書を提出した。その後議長は発言撤回を求めたが、共産党会派と発言議員は撤回を拒否している。議会は録画配信の無音処理や議事録の伏字処理をしている。

差別メールは昨年12月9日に市民から意見や要望を募集する公聴用アドレスに届いた。内容は松井大阪市長と橋下元大阪市長について「同和（朝鮮人）ではないですか？」と被差別部落や在日韓国・朝鮮人に対する差別表現が書かれている。

相次ぐ差別事象を通じて、改めて市民の意識調査やそれに基づく施策が必要であり、21年12月に「八尾市人権尊重の社会づくり審議会（部落差別解消推進専門部会）」から八尾市長に提出された「部落差別の解消に関する施策の方向性について（八尾市部落差別解消推進基本方針案）」答申の具体化が求められている。

京都 **二〇二二年七月八日**

参議院議員選挙での候補者によるヘイトスピーチ

（京都府連調べ）

二〇二二年七月八日正午ごろ、●●党から立候補していた●●候補者が京都府部落解放センター前でヘイトスピーチをおこなった。部落解放同盟や在日韓国・朝鮮人に対する差別発言を、参議院議員選挙の街宣の中でおこなったもの。

熊本 **二〇二三年二月**

元行政職員による差別発言

（熊本県連調べ）

二〇二三年二月、阿蘇管内で、本来であれば地域のリーダーとして啓発の一翼を担わなければならない立場である行政職員ＯＢが、「なあ~んか、●●●●か」「●●●●のくせにふてえ面すんな」と被差別部落出身の現役行政職員の胸元を掴みながら発言した。

京都府連は、京都府や京都市にヘイトスピーチがおこなわれたことを報告し、京都地方法務局にも情報提供した。

福岡 **二〇二三年二月一四日**

福岡県人権研究所への差別メール

（福岡県連調べ）

二〇二三年二月一四日、公益社団法人福岡県人権研究所に「相変わらず穢多が福岡県民に迷惑を掛けている様だが真面（ママ）な事が出来ないなら逝けよ　真面な事が出来ないなら気持ち悪いから逝くべき　依り穢多は全員が逝け●●●（名前）」というメールが送り付けられた。

宗教界における差別事件

北　陸　2022年11月9日

過去帳問題で本願寺派と意見交換

（「解放新聞中央版」2023年3月5日付）

本願寺派富山教区と話し合い
「過去帳」問題で

浄土真宗本願寺派富山教区内の寺院で2021年5月におこった地元商業紙への「過去帳」開示問題について、昨年11月9日に西本願寺富山別院で3回目の意見交換をおこなった。中央本部から池田中執、北陸事務所から吉田事務局長が出席。富山教区から熊本義秀・教務所長など11人が出席。

教区からは開示問題を受けての研修のとりくみ経過が報告された。また部落問題に関する意識調査の実施を検討しており、内容を策定中であることが報告された。意見交換は今回をもってひと区切りとし、今後も情報の共有などひき続きおこなっていくこととした。

教区からは「過去帳」についての研修の受講率、2022年度の計画も報告された。これについて、僧侶の研修受講率が27%と3割にも満たない要因と受講者の現状などを質問した。これにたいし、教区から、世代交代のあった寺院への問題提起や開催の周知が不十分であったことや、兼職者が多いことから、開催日時の工夫や録画視聴の研修も検討していると報告された。また、開示にかかわった住職はこれまで5回の研修を受講と報告された。

教区実施の意識調査は、問い合わせ事象なども盛り込むよう要請し、情報提供を提案。教区出席者からは「過去帳」の情報の整理代行業者について報告があり、複数の寺院で同様の事例があったことから調査内容へ盛り込むよう提案した。

京　都　2022年11月28日

差別戒名墓石1基合葬

（「解放新聞京都版」2023年2月1日付）

新たに差別墓石１基を供養

差別戒名墓所で慰霊法要

法要は11月28日に智積院でおこなわれた

同和問題に取り組む京都府宗教者連絡会議（京都同宗連）が、真言宗智山派の智積院《ちしゃくいん》境内にある差別戒名《かいみょう》墓所（万霊供養の塔）で30回目となる慰霊法要をおこなったのは11月28日。各教団や京都府連から20人が参集した。

京都同宗連の小泉顕《けん》雄《ゆう》議長（浄土宗）が導師となり、「犬翁善畜女」から「顕応光善信女」と改名された卒塔《そと》婆《ば》を前に読経。参列者が順々に焼香した。

この後、智積院の担当者から、新潟県の本宗派寺院で新たに発見された差別戒名墓石1基を同墓所に合葬した、と報告があった。事後報告でもあり、参列者一同は驚きを隠せなかった。なるほど供養塔の下に、差別戒名を刻んだ面を隠して半ばまで地下に埋められた墓石が一つ増えている。

佐渡の寺院で発見されたこの墓石は、新潟県連、中央本部、智山派と施主の判断で、本山のこの墓所へ移されることになったとのこと。参列者らは、今なお差別戒名墓石が発見される現実に暗澹《あんたん》たる思いを抱いた。

マスコミ・出版界における差別事件

全　国　2022年10月12日

差別記事について毎日新聞と話し合い

（「解放新聞中央版」2022年11月15日付）

再発防止に向けて
毎日新聞社と話し合い

注釈なく差別呼称

10月12日午前、毎日新聞の差別記事について話し合いをもった。問題の記事は、3月7日付の「女性解放とジェンダー平等」をテーマにした企画特集記事のなかで、明治初期に女権拡張に向けて活躍した岸田俊子の論考をとりあげ、彼女が雑誌に書いた論説を引用し、「(体力の)強弱で権利が決まるなら…色の生白い華族方は新平民の下にでも位せねばならむ筈なり」と掲載したもの。

中央本部は、5月6日付で「問題提起と見解文の提出の要請」を送付し、引用文とはいえ、「新平民」という差別呼称をなんの説明も注釈もなく使用したことに抗議していた。

毎日新聞社は、執行役員管理統括名での7月26日付「見解」のなかで「明治時代の論説の引用文であれば使用しても問題ないと判断」「新平民という言葉の背後にある差別の本質に目を向けなかった」と反省、再発防止にとりくむと回答した。

話し合いでは、この間のとりくみと再発防止策について、森本英彦・社長室次長と、当時の編集責任者である編集編成局次長（現・論説副委員長）名での文書について、森本社長室次長が説明。記事審査委員会でとりあげられた内容と、取材部長会で確認された再発防止策について報告された。

話し合いに出席した大西総務部長は、「かつて「過去帳」をめぐる問題記事も掲載された。取材や記事の執筆、校正・校閲など、それぞれの業務に関連した具体的な研修内容として、今回の事例も活かしてもらいたい」と要望した。

また、赤井書記長は、再発防止策について、解説をふくんだ「用語集」の必要性は認めつつも、たんなる用語使用にたいする注意喚起だけでは、部落問題そのものがタブー視されることになることを指摘。研修を充実させていくなかで、部落問題の理解を深めることが必要と強調した。

森本社長室次長も「その点は十分に理解している。差別の本質を理解することが再発防止には不可欠。今後は、とくに若い記者の人権研修の充実にとりくんでいきたい」と回答した。

〔大阪府〕

〔広島県〕

〔山口県〕

〔鳥取県〕

〔香川県〕

〔高知県〕

〔福岡県〕

〔佐賀県〕

〔熊本県〕

都府県別索引

全国のあいつぐ差別事件　二〇二三年度版

2024年3月31日　初版第1刷発行

編集・発行　一般社団法人 部落解放・人権研究所
大阪市港区波除4-1-37 HRCビル8階 〒552-0001
TEL 06(6581)8572

発 売 元　株式会社 解放出版社
大阪市港区波除4-1-37 HRCビル3階 〒552-0001
TEL 06(6581)8542 FAX 06(6581)8552
東京事務所
東京都文京区本郷1-28-36 鳳明ビル102A 〒113-0033
TEL 03(5213)4771 FAX 03(5213)4777
振替 00900-4-75417 HP https://www.kaihou-s.com/

印刷　株式会社福島印刷

ISBN978-4-7592-1423-9／C0036 NDC361.86 174P 21cm
定価はカバーに表示しています。落丁・乱丁はおとりかえいたします。